공익소송론

이 상 돈 저

세창出版社

"이 저서는 2005년 정부(교육인적자원부)의 재원으로 한국학술진흥재단의 지원을 받아 수행된 연구임" (KRF-2005-041-B00620)

머 리 말

요즘 이름 있는 로펌이나 법률사무소의 홈페이지를 방문해 보면 자신들이 공익소송을 수행하고 있다는 광고를 하고 있는 경우를 어렵지 않게 발견할 수 있다. 피해자들의 권리구제를 위한 사적 소송(대개는 공동소송)을 전개하면서 그 소송을 공익소송이라고 표제화하는 경향은 어쩌면 그런 사무소들의 사익을 위한 것일지도 모른다는 인상을 받게 된다. 적어도 공익소송의 개념과 그 제도적 표현이 분명하게 정립되지 않는 한 그러할 것이다.

공익소송에 관심을 두는 집단은 법률가에 국한되지 않는다. 정치적 영향력이 있는 많은 시민단체들은 집단소송을 증권관련분야에서 거의 모든 기업활동분야로 확장하고 싶어한다. 이들은 궁극적으로 피해자로부터 소송대리권을 부여받지 않고, 자신의 도덕적 권위를 토대로 스스로 피해자들을 위한 소송을 제기할 수 있는 권한을 인정하는 좀더 순수한 형태의 '공익소송'제를 설계하기도 한다.

정치체계도 이런 시민사회의 요구와 흐름에 반응을 보이고 있다. 몇 년 전 증권관련집단소송제를 법제화했는가 하면, 얼마 전에는 소비자단체들에게 단체소송을 제기할 권한을 부여하는 소비자기본법을 만들기도 했다. 이런 현상들을 모아보면, 우리나라는 다른 어떤 선진국가보다도 공익소송이 활발히 논의되고, 제도화가 추진되는 나라라고 할 수 있을 것 같다.

그러나 사익을 추구하면서 겉으로는 공익을 추구하는 양 행동하는 경향은 어쩌면 우리의 명분주의 전통과 맞닿아 있는지도 모르겠다. 우리 사회에서 명분의 인플레는 지금이 결코 과거보다 약하지 않은 듯하다. 그처럼 바람직하지 못한 전통을 계승하거나 재생산하는 행동방식을 법이 북돋워 준다면, 포스트모던 시대에 프리모더니즘(전근대)을 복원시키는 결과를 낳을 수도 있다. 바로 그렇기에 공익소송으로 표제화되는 소송형태들(예: 집단소송, 단체소송 등)이 근대법의 구조를 파괴하는 위험을 띠는 것은 결코 우연이 아닐 듯싶다. 그렇지만 바로 그런 위험 때문에 공익소송의 기획을 모두 비판하고 부정할 수만은 없을 것이다. 공익소송은 인권운동 그리고 시민불복종운동과 함께 민주적 법치국가의 민주적 법형성을 보완해 주는 중요한 기제로 성장하고 있기 때문이다.

이와 같은 공익소송의 양면성을 어떻게 해소할 것인지가 공익소송의 개념을 정립하고, 그것을 구체화하는 제도의 설계에서 결코 잊어서는 안 되는 점이다. 하지만 아직까지 공익소송은 너무 쉽게 말로만 표방되고, 또 너무 정치적으로만 기획되고 있는 듯하다. 이 책은 그런 정치화의 흐름을 꼬집고, 이제까지의 다양한 공익소송론을 분석・비판하고자 한다. 또한 이 책은 공익의 개념을 해명하고, 공익소송의 고유한 표지들을 발굴해내며, 아울러 공익소송의 이념을 민주적 법치국가의 체제에 정합적인 모습으로 법제화할 수 있는 최대치가—만일 우리가 민주적 법치국가의 다른 가치들을 잃어버리지 않으려 한다면—무엇이 되어야 하는지를 되돌아볼 수 있는 계기가 되고자 한다.

끝으로 감사의 말을 전해야겠다. 무엇보다 이 책의 출간은 **2005년도 학술진흥재단 신진연구자지원**(과제번호 KRF-2005-041-B00620; 과제명: 공익소송에 관한 연구)으로 이루어졌음을 밝혀 둔다. 다시 한

번 한국학술진흥재단에 감사의 마음을 표하고 싶다. 또한 연구보조원으로 참여한 고려대학교 대학원 박사과정의 이정민, 이소영 양과 김대근 군, 석사과정의 지유미, 민윤영, 정채연 양과 이현준 군에게도 그간의 노고에 고맙다는 말을 전하고 싶다. 아울러 언제나 좋은 책의 출간에 힘쓰시는 세창출판사 이방원 대표님과 임길남 상무님께도 감사와 존경의 마음을 전해드리고 싶다.

2006. 12. 1.
고려대 법대 연구실에서

이 상 돈

차 례

[1] 도입글 / 공익소송의 소묘

[2] 공익소송의 이론과 기초

[3] 공익소송의 개념과 구조

[4] 공익소송의 제도모델

[5] 공익소송의 미래기획

도입글

[1] 공익소송의 소묘

1. 우리나라에서 공익소송의 현황

망원동 수재사건을 효시로 김포공항 소음피해소송, 새만금 간척사업에 대한 미래세대소송, 교도소 도서반입불허처분 소송, 그리고 최근 주목받고 있는 담배소송에 이르기까지, 많은 소송들이 이른바 '공익소송'이라는 간판을 내걸고 아울러 진보적 법률운동의 한 방편으로 전개되고 있다. 이와 같은 공익소송은 계속 봇물 터지듯 쏟아져 나오고 있어, 이제 공익소송이란 말 자체는 이미 우리에게 그다지 낯설지 않은 존재가 되었다. 논의의 편의를 위해 먼저 대표적인 사례를 정리해 보면 아래와 같다.[1)]

ⓐ 백화점사기세일소송 1998년 10여 개의 유명 백화점에서 높은 할인율을 광고한 후 실은 그에 해당하는 할인을 하지 않은, 즉 변칙세일을 한 사건이 발생했다. 이에 소비자단체인 '시민의 모임'은 피해소비자 총 720명의 접수를 받아 그 중 영수증을 제출한 소

1) 아래 공익소송의 대표사례들은 연도별로 정렬된 것이 아니라 [3].I.3.에서 보듯 그 의미를 유형적으로 정리하기에 편리한 순서로 정렬되어 있다.

비자 52명을 원고로 하여 손해배상청구소송을 제기하였다. 8명의 무료 변호인단이 이 소송을 지원하였고, 원고들은 승소하여 총 417만원의 손해배상을 받았다. 대법원은 판시에서 "거래에 있어서 중요한 사항에 관하여 구체적 사실을 신의성실의 의무에 비추어 비난받을 정도의 방법으로 허위로 고지한 경우에는 기망행위에 해당한다 할 것이고, 현대산업화 사회에서 소비자가 갖는 상품의 품질이나 가격 등에 대한 정보는 대부분 생산자 및 유통업자의 광고에 의존할 수밖에 없는 것이므로 이 사건 백화점들과 같은 대형유통업체의 매장에서 판매되는 상품의 품질과 가격에 대한 소비자들의 신뢰나 기대는 백화점들 스스로의 대대적인 광고에 의해 창출된 것으로서 특히 보호되어야 한다. 따라서 이 사건 변칙세일의 경우에는 물품구매동기에 있어서 중요한 요소인 가격조건에 관하여 기망이 이루어진 것으로서 그 사술의 정도가 사회적으로 용인될 수 있는 상술의 정도를 넘은 것이어서 위법성이 있다"[2]고 하였다.

ⓑ 양심적 병역거부 위헌소송 여호와의 증인인 甲은 종교적 양심을 이유로 군 입대를 거부하여 병역법 제88조 위반죄로 기소되었다. 이 사건을 맡은 서울남부지법 P 판사는 2002년 1월, "양심적 병역거부와 대체복무를 인정치 않은 병역법 조항은 위헌"이라며 헌법재판소에 위헌법률심판을 제청(헌법재판소법 제41조)했다. 그러나 헌법재판소는 이에 대해 합헌결정을 내렸다.[3] 헌법재판소는 그 논거로 "① 양심의 자유는 단지 국가에 대하여 가능하면 개인의 양심을 고려하고 보호할 것을 요구하는 권리일 뿐 양심상의 이유로 법적 의무의 이행을 거부하거나 법적 의무를 대신하는 대체의무의 제공을 요구할 수 있는 권리가 아니므로 양심의 자유로부터 대체복무를 요구할 권리가 도출되지 않으며, ② 이 사건 법률조항을 통하여 달성하고자 하는 공익은 국가의 존립과 모든 자유의 전

2) 대판 1993.8.13, 92다52665.

3) 헌재결 2004.8.26, 2002헌가1.

제조건인 ‘국가안보’라는 대단히 중요한 공익으로서 이러한 중대한 법익이 문제되는 경우에는 개인의 자유를 최대한으로 보장하기 위하여 국가안보를 저해할 수 있는 무리한 입법적 실험을 할 것을 요구할 수 없는데, 대체복무제를 도입하기 위해서는 남북한 사이에 평화공존관계가 정착되어야 하고, 군복무여건의 개선 등을 통하여 병역기피의 요인이 제거되어야 하며, 나아가 우리사회에 양심적 병역거부자에 대한 이해와 관용이 자리잡음으로써 그들에게 대체복무를 허용하더라도 병역의무의 이행에 있어서 부담의 평등이 실현되며 사회통합이 저해되지 않는다는 사회공동체 구성원의 공감대가 형성되어야 하는데, 이러한 선행조건들이 충족되지 않은 현 단계에서 대체복무제를 도입하기는 어렵다고 본 입법자의 판단이 현저히 불합리하다거나 명백히 잘못되었다고 볼 수 없다”는 점을 들고 있다. 다만 입법자에 대하여 “양심의 자유와 국가안보라는 법익의 갈등관계를 해소하고 양 법익을 공존시킬 수 있는 방안이 있는지, 국가안보란 공익의 실현을 확보하면서도 병역거부자의 양심을 보호할 수 있는 대안이 있는지, 우리 사회가 이제는 양심적 병역거부자에 대하여 이해와 관용을 보일 정도로 성숙한 사회가 되었는지에 관하여 진지하게 검토하고, 설사 대체복무제를 도입하지 않기로 하더라도 법적용기관이 양심우호적인 법적용을 통하여 양심을 보호하는 조치를 취할 수 있도록 하는 방향으로 입법을 보완할 것인지에 관하여 숙고할 것”을 권고하였다.

ⓒ 교도소 도서반입 거부 취소소송 안양교도소에 미결수용되어 있던 甲 앞으로 정보공개청구 자료집이 우송되었는데, 안양교도소장은 도서의 내용이 재소자의 교화 및 수용질서 유지상 부적당하다는 이유로 반입불허처분을 하였다. 甲은 이와 같은 불허처분의 취소를 구하는 소장을 행정법원에 제출하였다. 이에 서울행정법원은 “수용자에게 도서를 열람할 수 있도록 한 것은 접근할 수 있는 정보에 대한 능동적 접근에 관한 개인의 행동으로서 알권리의 행사이므로 국가는 원칙적으로 이를 제한할 수 없을 뿐 아니라 보장

해 주어야 할 의무가 있고, 교도소장이 도서의 열람을 불허할 수 있는 사유는 재소자의 범죄재발 예방, 구금의 목적인 도망·증거인멸 방지, 교도소 내의 규율 및 안전 유지에 지장을 초래할 경우로 한정함이 상당"하다 하여 이 사건 도서가 발행인, 저자, 발행 목적이 불분명하고 법무부 관련 문서를 무단 복제하여 만들었다 함은 반입을 불허할 수 있는 정당한 사유가 되지 못한다고 판시하였다.[4]

ⓓ **담배소송** 한국에서는 1999년도를 시작으로 현재 모두 3건의 담배소송이 진행 중에 있다. 첫 소송은 1999년 폐암환자 6명과 그 가족들을 포함하여 총 31명의 원고인단이 대한민국과 한국담배인삼공사(현재는 KT&G)를 상대로 제기한 소송이며,[5] 두 번째 소송도 또한 같은 해에 제기된 것으로 폐암으로 사망한 선원 유족이 국가와 한국담배인삼공사(현재는 KT&G)를 상대로 한 것이다.[6] 2005년에 제기된 세 번째 소송은 폐암에 걸려 사망한 경찰 공무원의 유족이 국가와 KT&G를 상대로 제기한 소송이다.[7] 담배소송은 상당히 많은 사회적 관심을 불러일으켰지만, 법원은 2006년 현재까지 1심 판결조차 내놓지 않는 신중함을 보여주고 있다.

ⓔ **김포공항 소음소송** 2000년 초 서울시 양천구 신월동, 부천시 고강동 등 김포공항 인근에 사는 주민들이 참여연대, 환경운동연합, 민변 등과 함께 항공기 운항 및 김포공항의 설치·운영으로

---

4) 서울행정법원 2000.6.14, 2000구3725 판결.
5) 사건번호 99가합104973 손해배상(기) 현재 서울지법 제13민사부 계류중.
6) 사건번호 99가합77378 손해배상(기) 현재 서울지법 제13민사부 계류중.
7) 이 사건에서 유족들이 애초에 제기한 소송은 공무원연금관리공단을 상대로 한 과로사 배상 소송이었다. 그러나 당시 법원이 경찰 공무원의 사망원인이 과로가 아니라 흡연이라고 판결을 내렸고, 이에 유족들은 흡연 피해 사망 책임을 물어 다시 국가와 KT&G에 소송을 제기하였다(CBS노컷뉴스 www.nocutnews.co.kr "담배금지 입법청원 … 정작 담배소송은 좌초 위기" 기사 참조).

인하여 정신적·신체적 피해, 수면 방해, 생활 방해 등의 피해를 입었다며 대한민국과 한국공항공단을 상대로 선정당사자 소송의 형태로 손해배상소송을 제기했다. 이에 대해 대법원은 원고 1인당 28만원~143만원의 배상액을 지급하라고 판시했다.[8] 대법원은 "항공법시행규칙 제271조상의 공항소음피해예상지역(제3종구역)으로 분류되는 지역 중 85 WECPNL 이상의 소음이 발생하는 경우에는 사회생활상 통상의 수인한도를 넘는 것으로서 위법성을 띠는 것으로 봄이 상당한데 이 사건 선정자들의 거주지역이 이에 해당하므로 김포공항을 설치·관리하는 국가는 이에 대하여 손해를 배상할 책임이 있고, 서울지방항공청장의 김포공항 주변에 대하여 소음피해지역 및 소음피해예상지역을 분류하여 지정·고시한 1993년 6월 21일 이후에 자신들의 주거지에 전입한 일부 선정자들이 항공기 소음으로 인한 피해를 인식하였거나 과실로 인식하지 못한 것만 가지고 소음으로 인한 피해를 용인하였다고 보기는 어렵고, 또한 그것만으로 피고의 위법한 침해행위가 위법하지 않게 된다거나 책임이 소멸한다고 볼 수 없으며 다만 손해배상액의 산정에 있어서 형평의 원칙상 위자료의 감액사유로 고려함이 상당하다"고 하였다.

ⓕ 새만금간척사업 미래세대 소송　　전북주민과 환경단체는 새만금 간척사업[9]에 대하여 ① 새만금 갯벌의 상실 및 해양환경상의 피해 등과 같은 손실을 고려할 때 사업성 내지 경제성이 없고, 새

8) 대판 2005.1.27, 2003다49566.

9) 1989년 11월 6일, 농림부장관은 전라북도 군산시, 김제시, 부안군에 걸쳐 있는 새만금 간척지구에 농지조성과 용수개발을 주목적으로 하는 간척종합개발을 하기 위하여 새만금지구 간척사업 기본계획을 확정하였고, 이에 따라 공유수면매립면허처분과 새만금사업시행인가처분이 이루어졌다. 그리하여 1991년 11월부터 제1, 2, 3, 4호 방조제 공사가 착공되었고, 1994년 7월 제3호 방조제가, 1998년 12월 제1호 방조제가, 2003년 6월 제4호 방조제가 각 완공되었다. 제2호 방조제는 2003년 6월까지 총 33km 중 개방구간 2.7km를 제외한 30.3km 물막이 공사가 완료된 상태였으며, 나머지 개방구간 2.7km는 2005년 11월부터 2006년 3월까지 완료예정에 있었다.

만금담수호의 수질기준의 달성이 불가능하다는 등의 사유를 들어 새만금사업의 시행을 위한 공유수면매립면허처분과 새만금사업시행인가처분의 무효확인과 ② 농지의 필요성 감소, 새만금 갯벌 및 해양환경에 대한 예상치 못한 심대한 피해발생 가능성 등과 같은 새만금사업을 중단하여야 할 사정변경이 발생하였음을 이유로 각 처분의 취소신청을 하였다가 농림부장관이 이를 거부하자 이와 같은 거부처분의 취소를 구하기 위한 소를 제기하였다. 대법원은 이 사건에서 크게 세 가지 문제, 즉 ⓐ 원고적격, ⓑ 처분(공유수면매립면허처분과 새만금사업시행인가처분) 무효사유의 존부, ⓒ 처분(농림부장관의 거부처분) 취소사유의 존부에 대해 검토하였다.[10) 그 결론을 정리해보면, 첫째, ⓐ 원고적격과 관련해서는 "행정처분의 무효확인을 구할 수 있는 사람은 그 행정처분으로 인하여 법률상 보호되는 이익을 침해당한 사람이어야 하는데, 여기서 법률상 보호되는 이익이란 당해 처분의 근거 법규 및 관련 법규에 의하여 보호되는 개별적·직접적·구체적 이익이 있는 경우를 말하고, 공익보호의 결과로 국민 일반이 공통적으로 가지는 일반적·간접적·추상적 이익이 생기는 경우는 법률상 보호되는 이익이라 할 수 없다"고 하여, 이 사건 공유수면매립과 농지개량사업에 관한 환경영향평가대상 지역에 거주하지 않는 원고들의 원고적격을 부정하였다. 둘째, ⓑ 처분무효사유와 관련해서는 "공공사업이 사업성, 즉 경제성을 갖추지 못하였다는 법률요건상의 하자를 이유로 그 처분의 무효를 인정하기 위해서는 그 하자가 중대하고 객관적으로 명백해야 하는데, 이는 구체적으로 공공사업을 시행함으로 인하여 얻는 이익에 비하여 공공사업에 소요되는 비용이 훨씬 커서 이익과 비용이 현저하게 균형을 잃음으로써 사회통념에 비추어 위 각 처분으로 달성하고자 하는 사업 목적을 실질적으로 실현할 수 없는 정도에 이르렀다고 볼 정도로 과도한 비용과 희생이 요구되는 경우"이어야 하는데, 이 사건의 경우에는 이와 같은 중대하고 객관적으로 명백한 하자를 발견할 수 없으므로 처분 무효사유에 해당하

10) 대판 2006.3.16, 2006두330.

지 않는다고 판시했다. 셋째, ⓒ 처분취소사유에 대해서는 “방조제 축조로 인하여 생길 수 있는 자연적인 해안선 변화나 물질순환의 차단, 퇴적환경이 달라지는 등의 해양환경상의 영향은 새만금사업 시행계획 당시부터 예상하였던 것이며, 해류순환의 변화 또한 당초 환경영향평가에서도 고려된 사정”이라는 등의 이유로 농림부장관의 거부처분에 취소사유가 존재하지 않는다고 판시했다.

ⓖ 망원동 수재사건 소송　　일반적으로 ‘공익소송의 효시’로 알려져 있는 사건이다. 1984년 9월 1일부터 9월 4일까지 내린 집중폭우로 말미암아 서울시에서 관리하는 마포구 망원동 유수지의 수문상자가 붕괴되어 망원동 일대가 물에 잠기는 수해가 발생하였다. 이에 대해 1984년 10월 15일, H씨를 비롯한 망원동 주민 5가구 21명은 서울시와 현대건설을 상대로 손해배상 청구소송을 제기하였다. 이 사건에서 원고들은 ① 망원유수지 일대의 시설물을 점유・관리한 서울시의 설치・관리상의 하자, ② 1979년 배수관로를 연장하고 수문의 이설공사를 시행한 현대건설의 부실공사, ③ 서울시 공무원의 수재발생 방지노력 태만을 그 이유로 들었다. 서울민사지방법원은 이 사안에 있어서의 수해가 “이미 설치된 인공공물인 망원유수지의 수문상자에 내재된 하자, 즉 통상 갖추어야 할 안전성을 갖추지 못한 하자로 인하여 발생한 것”[11]이라고 하여 피고 서울시의 설치・관리상의 하자를 인정하여 원고 승소판결을 내렸고, 1989년 2월 28일, 항소심에서 서울고등법원은 서울시의 배상금액을 높이는 판결을 내렸다. 이어서 1990년 7월 24일, 대법원이 서울시의 상고허가신청을 기각함으로써 사건은 종료되었다. 1987년 8월 26일 H씨 등 21명의 원고들이 1심에서 승소한 사실이 알려지면서 다른 피해 주민들의 소송 신청이 봇물 터지듯 터져 나왔는데, 정식으로 민사소송을 제기한 가구만도 무려 2,300여 가구에 달했다. 이들 소송에 대해서는 1989년 1월부터 1990년 1월 사이에 1심 판결이, 1990년 4월부터 1991년 1월 사이에 2심 판결이, 1990년 8

11) 서울민사지법 1987.8.26, 84가합5010.

월부터 대법원 판결이 차례차례 선고되었다.

2. 공익소송의 특징들

공익소송하면 법률전문가가 아니더라도, 대체로 '법적으로 제대로 보호받지 못하던 이익들을 대변해줌'으로써 '다양한 이해관계의 균형'을 이루려는 기획을 갖고 있다는 점을 떠올릴 수가 있을 것이다. 그러나 아직까지 공익소송은 법적 개념으로 자리잡지 못했다. 이제 형성되어 가는 개념이라고 할 수 있다. 즉 '공익소송'에 어떤 법적인 개념의 옷을 입히고, 공익소송을 구체적으로 어떤 법제 속에 담아낼 것인지는 아직 확립되지 못하고 있다. 공익소송의 개념은 아직 통용되고 있는 법률용어에 속하지 못하는 셈이다. 그러나 공익소송의 개념을 형성하는 데 기초가 될 수 있는 다양한 현상적 특징은 이미 존재한다. 그것들을 개관해보면 다음과 같다.

(1) 프로보노

이를테면 공익소송은 우리가 흔히 '인권변론'이라고 하는—혹은 좀더 전문적으로는 프로보노(pro bono)라 불리어지는—변호사의 공익변론활동을 구체적으로 논하는 데 그 의미를 그치게 할 수 있다. 그러나 이런 공익소송은 법률가들의 직업윤리를 고도화하고 또한 제도화하는 기획을 지칭하게 될 뿐이다. 또한 그런 공익소송 개념은 '소액다수'의 흩어진 권리를 되찾아 주려는 기획이 기존 민사소송법상의 제도적 장치들로써 이미 가능하다면, 구태여 독자적인 법률용어로 사용될 필요가 없게 되고, 또한 '공익소송'이라는 법모델도 새로

이 마련될 필요가 없을 것이다.

(2) 공동체주의

시각을 정치사상적으로 돌려보면 공익소송은 개인주의적 성격이 강한 근대 자유주의 이념에 공동체주의적 관념을 많은 부분 가미하는 경향을 보여준다는 점에 주목할 수 있다. 실제 미국에서의 공익소송 논의도 자유주의-공동체주의 논쟁의 전개와 밀접하게 관련지어 전개되었다. 공익소송은 좀더 공동체주의적 경향을 띤다. 가령 백화점사기세일의 경우에 사건의 원고는 사실상 대부분의 소비자를 포괄한다. 실제로는 50명의 소비자가 소송을 제기하였다고 할 때에도, 그들은 개인으로서가 아니라 소비자공동체의 선을 실현하는 대표자로서 그 의미를 가질 수 있다. 물론 이러한 공동체주의적 경향은 근대적 소송관에 입각해 볼 때는 다소 생경스러운 면을 가진다. 또한 공동체주의를 완전하게 구현하는 공익소송의 법제도가 아직은 어떤 국가에서도 완비되어 있지 못하다.

(3) 제도개선

사실 공익소송의 궁극적인 지향점은 때때로 손해전보가 아닌 제도개선에 향해 있는 것처럼 보이기 때문에, 과거의 어떤 집단적 '분쟁' 해결이 법 테두리 바깥에서 모색되었다가 이젠 '소송'이라는 법이 울타리 안에서 모색될 수 있게 만드는 점으로써 공익소송의 고유한 의미를 충분히 정의내릴 수도 없다. 즉 승패에 목적이 있는 것이 아니라 문제제기와 광범위한 사회적 관심의 유도에 방점을 놓는 것이다. 소송에서 지더라도 그 문제에 대해 사회적 관심을 불러일으키고 제도개선에 영향을 미친다면 성공했다고 볼 수 있다. 그만큼 공익소송은 법정 내의 문제를 넘어선 사회정치적인 의미를 함축한다고 하겠다. 그렇기 때문에 무엇보다도 공익소송이나 공익법 '운동'을 말할 때, 사람들은 더 나은 방향으로의 사회변화를 이끌어내기 위한 여러 전략들을 개발하고 진행시키는 기획과 그 개념을 떼어 놓고 말하지는 않는다. 일부는 캠페인이나 유세 같은 형태로 외부화되기도 하고, 언론의 통로를 사용하는 경우도 있다. 또 여론을 자극하고 환기시키거나, 입법자에게 입법을 촉구하는 영향력을 행사하며, 규제기관이나 감사기구들에게 준칙적인 대책을 수립할 것을 요구하기도 한다.

(4) 법적 대화

이처럼 공익소송을 전개하는 사람들이 분쟁의 해결을 소송 안에 가두어두려 하지 않는 경향은 법원에 대한 태도에도 변화를 가져온다. 우선 이들은 적대적인 갈등관계를 전제로 분쟁당사자들 사이의 공격과 방어에 대해 승패를 판정해주는 법원에 그 분쟁해결의 궁극적 권위를 최종적으로 귀속시키지 않을 자세를 갖고 있다. 물론 소송이 사회운동의 병기고에서 강력한 무기임은 부인하기 어려울 것이다. 또한 공익소송을 표방하는 사건을 소송외적인 분쟁해결기제에 의해 해결하는 경우에도, 과거 소송에 의한 해결례들, 다시 말해 판례들은 매우 요긴한 논거를 제공해준다. 그렇기에 공익소송을 표방한 수많은 기획소송들이 제기되고 또 진행 중에 있는 것이다. 그러나 여기서 중요한 점은 공익소송에 의한 분쟁해결이 소송 '내'의 분쟁해결이 아니라, 소송을 오히려 사회적 이슈로 만들고, 그 이슈에 대한 여론의 소성과 공론의 형성을 통해 소송의 결과를 '의사소통적으로' 조종하는 메커니즘이 공익소송의 기획 속에 내재되어 있다는 점이다.

바꿔 말해 공익소송은 거시적인 법적 대화[12]를 펼치는 차원을 갖고 있다. 공익'소송'은 그런 법적 대화의 한 고리를 형성할 뿐이다.

(5) 사회운동

법적 대화로서 공익소송은 평화로운 담화의 성격만 띠는 것은 아니다. 사회운동으로서 공익소송은 매우 투쟁적인 성격을 띤다. 대개 공익소송은 잘게 쪼개어지고 흩어진 개인들, 특히 억압받고 소외된 자들의 권리를 위한 투쟁이고, 그 투쟁이 현재의 소송법체계에서 제대로 보장되지 못하고 있는 상황에서 전개된다. 공익소송의 투쟁은 단지 권리의 실현에, 그러니까 '현행 법규정 혹은 법해석에 의해 충분히 권리로 인식될 수 있는 것임에도 현실적인 이유로 보호받지 못했던 이익을 보호하는 데'[13]에 그치지 않는다. 바로 그런 이유로 공익소송은 새로운 권리화, 즉 새로운 권리유형으로서 '말하여지는' 섬약한 목소리들을 포착해내어 권리'화'하는 기획을 수행하는 실천이자 사회운동으로 자리매김될 수 있다.

(6) 능동적 사법

바로 그렇기 때문에 공익소송은 실천적으로도 새로운 법원상을 요구한다. 즉 사적 개인이 소를 제기하면 이를 확인하고 구제해주는 수동적 법원의 상을 넘어서, 소외되었거나 아직 권리화되지 않았던

---

12) 이 개념에 대해 이상돈, 『새로쓴 법이론』, 2005 참조.

13) 황승흠, 「공익소송법 제안」, 참여연대 공익소송센터, 『공익소송법 제안설명회』, 제2회 공익소송토론회 자료집(1996), 4쪽에 의하면 전통적으로 확산이익이 소외되어 온 이유를 여기에서 찾고, 그렇기 때문에 그와 같은 이익에 대하여 법적 대표성을 부여하고자 하는 노력은 결국 권리실현을 위한 현실적인 노력 또는 사회운동을 필수불가결한 요소로 한다고 한다.

인권을 캐어내고 표제화하는 능동적인 법원상으로의 확장을 요구한다. 사실 이런 요구는 공익성의 표지를 지닌 소송들이 다양한 측면에서 사적 자치(Privatautomonie)가 지배하는 근대적 소송관으로부터 이탈해 있음을 보여준다. 물론 근대 소송에서 '빈 틈'으로 남아 있던, 쪼개지고 흩어진 권리들을 실현하고 발견하는 작업의 유의미함은 부정할 수 없다. 문제는, '공익소송'이라는 새로운 소송모델을 구상함에 있어 필연적으로 발생할 근대적 소송이론의 변경을 어디까지, 그리고 어떤 형태로 인정할 수 있는가이다.

미국의 집단소송이나 부권소송의 모델에 기초한 공익소송모델은 법관의 법집행에 있어서뿐 아니라, 법적용 및 해석에도 변화를 가져온다. 사법이 이러한 확장된 역할을 담당할 권한을 갖는 것인지, 그리고 그것이 정당한지는 꼼꼼히 짚고 넘어갈 필요가 있다. 법원이 복합적인 사회문제들을 해결하기 위한 장으로서 기능하는 것이 적절한지, 이를테면 법원이 '정신병원이 어떻게 운영되어야 하는가,' 혹은 '경찰관들이 범죄용의자들을 대하는 태도가 어떠해야 하는가,' 등의 문제들에까지 결정권을 행사할 권한을 갖는가는 '공익'이라는 수사(rhetoric)의 막을 걷어내고 다시금 검토해보아야 할 문제라는 것이다.

실제 사법적극주의(judicial activism)는 사법의 과도한 확장(judicial overreaching)이며, 선거에 의해 구성된 입법부의 역할을 침범하고 민주주의원칙에 반한다는 우려가, 개념법학에 기초한 대륙법계뿐 아니라 경험론에 입각한 영미법계에서도 제기되어 온 것이 사실이다. 즉 사법적극주의를 채택하게 되면 민주적 방식으로 제정된 '법률'이라는 수단을 이용하여 입법부가 행정을 견제하는 역할과 기능을 대체하여 '단체에 의한 행정통제'가 행해질 위험이 있다. 여기서의 난제는 '민주적 절차에 따라 선출된' 조직이 아니기에, 그런 단체에 의한 행정

통제는 대표민주주의의 약화를 가져올 수가 있다.[14] 이런 약화가 현실화될수록 공익소송은 공익이라는 명목 아래 소송을 정치화시킬 위험을 수반한다고 볼 수 있다.

공익소송이 수반하는 원고적격의 완화, 소송비용의 경감, 공동기금 마련 등은 결국, 확산이익의 침해가 개인들을 소송으로 향하게 하는 유인력이 부족하다는 문제점에 대처하기 위함이다. 또한 충분한 유인이 없으므로 정보수집이 활발치 못하며, 역으로 정보가 부족하기에 충분한 유인이 발생하지 않는다고 보여진다. 이는 정보의 불균형문제를 극복하기 위한 정보공개청구권 강화요구로, 그리고 입증책임전환, 주장책임완화 등에 대한 요구로까지 이어진다. 그러나 이같이 소송법체계의 기본원리들을 흔드는 제안들은 좀더 신중한 접근과 분석이 필요하다. 특히 증권집단소송과 소비자단체소송 제도가 기능하게 된 현 시점의 우리사회에서 그러하다.

따라서 본 연구는, 공익소송의 대두와 관련된 이론적·정치적 배경과 공익소송의 특징적 개념표지들을 먼저 분석한 후, 새로운 소송모델로서 논의되고 있는 공익소송제도(안)이 지닌 가능성과 우려점들을 짚어본다.

---

14) 김상찬, 「독일환경법상 집단소송의 최근 동향」, 토지공법연구, 2003, 339쪽.

[2] 공익소송의 이론과 기초

I. 공익소송의 도입논의들

'법을 동원한' 형태의 시민운동이 우리사회의 시민단체들에 있어 효과적인 운동방식으로 각인된 건 1990년대 중반 이후부터였다.[1] 그것은 이른바 '공익'을 실현하기 위한 법안제정의 노력뿐 아니라, 법해석과 법적용의 방향성에 대해 사회적 압력을 행사하는 활동패턴으로까지 확장되었다. 사회적 관심을 환기시키고 공론을 형성하며 판례를 축적할 수 있는 '소송'이라는 방식을 이용한 이러한 운동은, '공익소송'이라는 개념으로 통칭된다.

1. 공익소송 도입논의의 현황

최근 이는 공익소송의 '제도적' 도입을 추진하는 움직임으로까지

1) 김진 · 이상희, 「공익소송의 이론적 · 역사적 배경」, 『공익소송위원회 활동보고서 1999.8-2002.1.』, 민주사회를 위한 변호사모임 공익소송위원회, 2002, 1쪽.

이어지고 있는데, 민주사회를 위한 변호사 모임(민변)은 1999년부터 공익소송위원회[2]를, 그리고 참여연대는 2000년부터 공익법센터[3]를 운영하고, 또한 환경운동연합은 공익환경법률센터[4]를 운영하고 있다. 이에 더해 2003년에는 국가기구인 공정거래위원회도 소비자권익보호를 위해 공익소송의 도입을 논의 중이다.[5] 또한 1995년에 제기되었던 사회복지관련소송이나 1998년 제기된 참여연대 경제민주화위원회 소액주주소송 등에서 주지되듯이, 공익소송에 변호사 이외에도 해당 분야의 전문가들이 함께 참여하는 양상을 보이고 있다.[6] 이처럼 공익소송은 그리 오래지 않은 기간 안에 이미 사회영역(시민단체)에서부터 사회와 국가의 중간영역(민변)을 거쳐 국가영역(공정위)에 이르기까지 꽤 넓은 공감대를 형성해가는 듯하다.

공익소송이 하나의 독자적 소송형태로서 제도화되지는 않았지만, 1980년대 중반 공익소송의 전형(prototype)을 갖춘 공익소송의 효시라 할 만한, 망원동 수재사건소송(1984~1990)에서부터 소송의 방식을 이용한 공익적 시민운동이 전개되기 시작하였다. 1990년대 들어 유행처럼 확산된 이른바 '공익소송'은, 1992년 백화점 사기세일에 관한 손해배상소송,[7] 1998년 지하철 연착에 대한 손해배상청구소송,[8]

---

2) http://minbyunjinbo.net/minbyun/index.htm 참조.

3) http://www.probono.or.kr 참조.

4) http://cice.kfem.or.kr/cgi/last.cgi?table=elaw&class=all&id=693&cnt=321&page=5&user=guest 참조

5) 공정거래위원회 주요업무보고 2003.2.20. 참조.

6) 김진 · 이상희, 「공익소송의 이론적 · 역사적 배경」, 『공익소송위원회 활동보고서 1999.8-2002.1.』, 민주사회를 위한 변호사모임 공익소송위원회, 2002, 4쪽.

7) 이에 관해 자세히는 황승흠, 「우리나라 공익소송의 현황과 과제」, 민주사

2000년대 들어 양심적 병역거부의 위헌소송,[9] 김포공항 소음피해소송,[10] 미래세대를 원고로 삼은 새만금 간척사업 소송,[11] 담배소송[12] 등 더욱 다양한 영역에서 활성화되어 가는 추세를 보인다.

또한 공익소송은 대체로 소송에 관련하여 전문지식을 제공하는 전문가와 법률가 그리고 사회운동을 전개하는 단체가 연합하여 공익소송의 테마를 기획·결정하고, 집회 및 시위를 열며, 입법작업과 입법운동 및 입법로비까지 포괄하는 자기완결적 사업으로 전개된다.[13] 즉 공익소송은 사회운동에 의해 뒷받침되며 사회기층의 '운동'으로부터 동력이 끌어내어지는 것이다. 이는 '아마도' 단순한 변호사의 인권변론활동과는 구분되는, 공익소송의 독자성 중 하나일 듯하다.

회를 위한 변론 제26호, 1999, 13쪽 참조.

8) 이상훈, 「지하철지연사고 손해배상청구소송」, 참여연대 공익법센터 집단소송자료집, 2003, 22~30쪽.

9) 「병역법 제88조 제1항 제1호 위헌제청(2002헌가1)에 관한 헌법재판소 결정 전문」(전쟁 없는 세상 www.withoutwar.org, 2004.8.26.)

10) 최영동, 「김포공항 소음피해 집단적 손해배상소송」, 참여연대 공익법센터 집단소송 자료집, 2003, 13~21쪽.

11) 「새만금사건(대법원 2006두330 정부조치계획취소 등 사건)에 대한 대법원 판결 관련 보도자료」(대법원 사이트 www.scourt.go.kr 새만금사건 보도자료)

12) 이에 대해 자세히는 http://www.tobaccolawsuit.co.kr 참조; 담배소송을 공익소송으로 보는 데 비판적인 입장으로는 김인회, 「담배소송이 민변의 공익소송인가」, 공익소송위원회 활동보고서, 민주사회를 위한 변호사 모임, 2002, 25~26쪽.

13) 이찬진, 「시민운동과 공익법운동」, 참여연대 창립 5주년 기념 심포지엄 자료집, 44쪽.

2. 공익소송의 일반적 정의

'아마도'라 말끝을 흐릴 수밖에 없었던 까닭은 아직 공익소송의 구체적인 모습이 그려지고 있지 못하기 때문이다. 우리 사회에서 공익소송에 관한 기존의 논의들은 대개 변호사의 공익변론활동에 관한 미국의 공익법운동을 소개하는 데 그쳤던 경우가 많다. 물론 공익소송이라는 개념 자체가 역사적으로 미국의 법률구조프로그램과 같은, 법률가의 구조활동에서 시작되어 발전해 온 것은 사실이다. 그러나 공익소송의 공익 개념은 국가와 개인의 적합한 관계에 대한 그 사회의 공론변화와 밀접하게 관련지어져 있다는 측면을 고려해야 한다. 그렇기 때문에 공익소송은 지금 여기의 우리 사회에서 형성 중인 개념, 논의 중인 제도로서 인식되어야 할 것이다. 우리나라에서 현재까지 나온 대표적인 공익소송의 정의로는 다음을 들 수 있다.

— 공익소송이라 함은 다중의 확산이익이 있는 소송으로서 소송을 통해서 약자 및 소수자의 권익보호, 시민권의 신장, 국가권력으로부터 침해된 시민의 권리구제 등을 통해 불합리한 사회제도를 개선하고 잘못된 법을 개정하며, 국가권력의 남용을 방지하여, 민주사회 발전과 정의로운 사회를 만드는 데 도움이 되는 사건으로, 위원회가 소송을 수행하기로 결정한 사건의 소송을 말한다.[14)]

— 목적의식을 가진 공익법운동단체 또는 공익변호사가 이제까지 적절한 법적 구제를 받지 못했던 확산이익에 대하여 새로운 법원의 판례를 이끌어내기 위하여 법원에 소를 제기하는 것이 공익소송이다.[15)]

---

14) 민변 공익소송위원회 운영규칙 제2조.

15) 황승흠, 「공익소송의 어제와 오늘」, 조영래 변호사 8주기 추모 심포지엄

이 정의에서 공통된 공익소송의 개념을 구성하는 요소는 ① 주체(공익법운동단체, 공익변호사), ② 확산이익, ③ 제도의 개선이나 법의 개정 및 판례의 변화 등으로 요약할 수 있다.

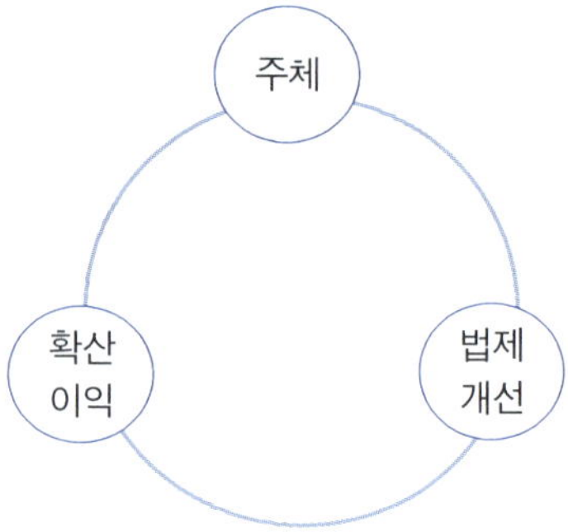

그런데 이 중에서 공익소송 개념은 공익소송을 기획하고 추진하는 조직에 의해 공익성이 판정되는 신분(또는 주체)편향적 구조를 갖고 있음이 눈에 띤다. 이 편향이 커질수록 공익소송은 사법을 정치화할 위험도 수반한다. 다시 말해 시민성을 가장한 '공동선(common good)'에의 상징을 정치(예: 낙천낙선운동[16])의 영역에서 사법(공익소송)의 영역에까지 확장시킴으로써, 시민단체의 정치적 세력화[17]를 도모한다는 의혹이 제기될 수 있다는 것이다.

<공익소송의 어제와 오늘> 자료집, 1998.12.12, 2쪽.

16) 이에 관해 자세히는 이상돈, 시민불복종운동 — 논쟁, 이론, 개념, 법제화, 『법치국가와 시민불복종』, 한국법철학회 편, 2001, 91~146쪽.

17) 이에 대해 비판적인 이상돈, 시민단체와 시민불복종운동, 인권과 정의, 2001년, 7월호, 93~111쪽 참조.

3. 공익개념의 불명확성

우리의 궁극적인 목표는 공익소송이 기존의 법체계에 가져다주는 새로움(novum)이 도대체 무엇인지를 규명하는 것이라 할 수 있다. 즉 '공익'이라는 수사(rhetoric)가 소송과 같은 규제적인 법체계 안에서 어느 선상까지 소외된 목소리들을 캐어내고 들려주는[18] '새로운' 민주적 기제일 수 있겠는가? 이를 논의하기 위해서 공익 개념 자체에 대한 보다 원론적인 문제로 거슬러 올라갈 필요가 있다.

'공익'이 자유주의적 가치와 공동체주의적 가치, 더 나아가 자유주의적 법모델과 사회국가적 법모델 사이의 긴장 속에 위치한다고 할 때[19], 단순히 '공익은 사회 구성원들의 이익을 합친 것이다'[20] 또는 '개개인의 이익을 초월한 가치이다'[21]라고 일방적으로 이야기하는 것은 설득력이 없다. 공익 또는 공공선 관념에 대한 평가는 정치 이데올로기적 입장에 따라 다르며, 그 구체적인 내용과 범위 또한 상이하게 이해된다. 그렇기에 공익 개념은 특정 이데올로기의 방향성과 결부시켜 검토할 수밖에 없는 측면이 있다.[22] 또한 공익 관념은 시

---

18) 이를 인권 개념의 구성요소로 바라보는 이상돈, 『인권법』, 2005, 161쪽 아래 참조.

19) J. Le Grande, "Quasi Markets and Social Policy," Economic Journal 제101권, 1991, 1256쪽.

20) 이는 지신의 이익에 대한 최선의 판단자는 자기자신이며 정당한 개인이익에 기반한 사회구성원들의 '합'사회적 이익만이 공익의 범주 안에 포괄될 수 있다는 입장이다.

21) 한편 이는 인간의 본성을 실현하는 고차적인 이익 혹은 가치의 선험적인 존재성을 선제한 입장이다.

22) 김비환, 「영미 자유주의사상에서의 공익 개념과 한국에서의 함의」, 철학과 현실 제50권, 2001, 37쪽.

대와 상황에 따라 가변적이기 때문에 어느 정도의 불명료성을 지니는 게 불가피하고, 항상 해석상의 차이를 초래한다. 정치적 차원에서도, '명백한 공익'을 보장하는 영역의 주변부에 광범위한 회색지대가 존재하고, 그 때 언제나 국가개입의 수준과 정당성의 논란이 제기될 수밖에 없으며 이는 판결의 공익적 성격에 대해서도 마찬가지다.[23] 예컨대 영국의 경우, Commonwealth 시기(1649~53년의 공화정)에는 공익 개념이 '소유권을 의회의 침해로부터 보호하는' 것으로 이해되었던 것처럼, 공익 개념은 국가와 개인의 적합한 관계에 대한 관점 변화와 밀접한 관련성을 지닌다고 할 수 있다.[24] 공익은 빈 병과 같은 개념이며, 명확한 정의가 부재하다는 특성을 갖기 때문에 태생적으로 정치화되기 쉽다는 것이다.[25]

그러나 적어도 공익'소송'의 문제에 있어서는 '공익'의 개념표지가 일정한 정도로 정의 내려지지 않는 이상, 그러한 소송의 실체가 존재하는지 의문시되고, 정치적, 당파적 투쟁이라는 혐의를 벗기 어렵다. 무엇이 '실체적' 공익인가의 문제는 아니더라도, 어떻게 공익이 '되'어 왔는가라는 문제에 좀더 천착해 볼 필요가 있다.

---

23) 김창엽, 「'공공'의 당혹스러움: 국가와 개인, 공익과 사익 사이에서」, 당대비평 제21호, 2003, 227쪽.

24) Gunn, J. A. W., *Politics and the Public Interest in the Seventeenth Century*, London: Routledge and Kegan Paul, 1969; Mike Feintuck, *'The Public Interest' in Regulation*, Oxford University Press, 2004, 36쪽 참조.

25) A. Ogus, *Regulation: Legal Form and Economic Theory*, Clarendon, 1994, 38쪽.

II. 공익개념 및 이론의 발전

1. 공익개념의 연원

역사적으로 공익결정 기제가 어떻게 형성되었고 또 변모되었는지는 공익결정의 주체가 누구인가의 문제와 긴밀히 연관된다. 사람들이 일정한 공동체사회를 이루며 생활하는 과정에서 자연의 혜택과 더불어 재해와 위협에 처하여 자연적 숭배물을 선택하고, 사회원로를 중심으로 점차 일정한 금기(taboo)나 의식(ceremony)을 만들어 공동생활을 규율하게 된 것이 이른바 '공익결정'의 원형이라 하겠다.[26] 이처럼 사회구성원들의 삶을 규율하고 사회를 위한 공익을 결정하는 주체는, 근대국가의 권력분립현상이 두드러질 때까지는 여전히 절대군주나 종교적 지도자였다. 그러기에 이 시기까지 공익결정은 개인들의 무조건적 복종을 유도할 정도로 미화되고, 신화화되었다.[27]

이후 절대적 군주권이 약화되면서 국가의 기본적 결정을 소수 지배계층의 엘리트관료들이 과점하였다. 여기서 공익결정의 주된 준거틀은 법령이었으며, 이는 결정의 정당성근거를 전통이나 신성성에서가 아니라 체계적 합리성[28]에서 찾는 쪽으로 변화되어 갔음을 보여준다. 즉 실정법은 사회구성원 모두의 이익을 위해 마련된 강제성을

---

26) 박정택, 『공익의 정치행정론』, 대영문화사, 1990, 147쪽.

27) 박정택, 『공익의 정치행정론』, 대영문화사, 1990, 149쪽.

28) 막스 베버의 합리성 개념에 대한 법사회학적 이해로 이상돈・홍성수, 『법사회학』, 2000, 제2장, 49쪽 아래 참조.

띤 약속으로서, '합법성'은 바로 무엇이 사회구성원의 공익이 되는지를 체계적으로 결정해 주는 준거틀이었던 것이다.

하지만 현대사회에서 개인이익의 표출방식이 공개화되고 다양해짐에 따라, 실정법보다도 더욱 동태적이고 유동적인 공익결정방식이 요청되게 되었다. 국가의 전통적인 통치기구뿐 아니라, 기업이나 언론, 사회단체, 시민운동주체들까지 개별적으로 혹은 연합하여 공론경쟁 속에서 공익결정에 영향을 미친다는 것이다. 이런 현상의 정당성은 법다원주의(legal pluralism)에 의해서도 뒷받침된다. 즉, 법규범과 사회규범 사이의 날카로운 구획이 사라지고 모든 규범을 설정하는 행위자들을 법정립의 절차에 참여하는 행위자로 자리매김하는 한, 법이란 다양한 사회적 행위자들 사이의 규율에 대한 합의절차가 실제로 효력이 있을 때 정립된다는 것이다. 그럴 때 법개념의 통일성은 소멸하게 되고, 아울러 평등과 같은 법원칙도 희석되며,[29] 통일적인 법이란 단지 전문적인 법률가집단의 이데올로기로만 남게 될 수 있다. 이처럼 법이 다양한 영역들에서 다양한 행위자들 사이의 상호작용과 관점의 교환절차 속에 머물면, 합법성은 언제나 상호적인 형태로서만 존재할 수 있게 된다.[30] 이렇게 볼 때 공익결정의 정당성도 다양한 행위자들 사이에 그에 관한 합의가 형성될 가능성에 따라 좌우되며,

---

29) 이를 지적하는 G. Teubner, "Globale Bukowina Zur Emergenz eines transnationalen Rechtspluralismus," Rechtshistorisches Journal 1996, 255쪽 이하 참조.

30) 국가는 국제사회에서 행하는 대외적 행위와 대내적 입법 사이에 부정합성을 보이며, 이는 국가법 내부의 통일성 상실로 나타난다. 이에 직면하여 초국가적인 법영역에서뿐만 아니라 국내법영역에서도 법다원주의, 바꿔 말해 '내부적인 법다원주의'(이에 관해 B. de Sousa Santos, *Toward a New Common Sense: Law Sciences and Politics in the Paradigmatic Transition*, 1995 참조)가 생겨날 필요가 있게 된다.

이 때 합의가능성은 정태적인 합법성의 차원을 넘어서는 것이다.

2. 공익이론의 발전

공익이론은 개인과 공동체(community)의 관계에 관한 논쟁의 전개와 함께 발달하였다고 볼 수 있다.[31] 개인과 공동체의 관계를 어떻게 보느냐에 따라, 혹자는 공익이란 '개인들의 이익의 총합이 증가되지 않더라도 공동체의 단결이나 발전에 필요한 무엇인가'가 확보된 것을 말한다고 주장하고,[32] 또 혹자는 '일반적 복지(general welfare)'의 이상과 연결시키기도 한다.[33] 한편에서는 공익이 인권개념을 보충한다는 견해,[34] 그리고 시민성(citizenship)과 관련된 의무와 권리의 균형에 기여한다고 보는 견해[35]도 존재한다. 이처럼 현대 사회사상에서 공익관념이 어느 때보다도 더 다양한 내용을 지니게 된 배경에는, 미국을

---

31) G. Niemayer, "Public Interest and Private Utility," C. J. Friedrich(편), *Nomos V: The Public Interest,* Atherton Press, 1962.

32) J. Bell, "Public Interest: Policy or Principle?" R. Crownsword(편), *Law and the Public Interest,* Franz Steiner, 1993, 30쪽.

33) E. S. Griffith, "The Ethical Foundations of the Public Interest," C. W. Cassinelli, "The Public Interest in Political Ethics," C. J. Friedrich(편), *Nomos V: The Public Interest,*, Atherton Press, 1962.

34) J. Cohen, "A Lawman's View of the Public Interest," Carl J. Friedrich (편), *Nomos V: The Public Interest,* Atherton Press, 1962. (Mike Feintuck, '*The Public Interes' in Regulation*, Oxford University Press, 2004, 39쪽 참조.

35) C. W. Cassinelli, "The Public Interest in Political Ethics," Carl J. Friedrich(편), *Nomos V: The Public Interest,* Atherton Press, 1962. (Mike Feintuck, '*The Public Interest' in Regulation*, Oxford University Press, 2004, 39쪽 참조.

중심으로 전개되었던 자유주의-공동체주의 논쟁이 자리하고 있다.

(1) 자유주의적 공익이해

기본적으로 자유주의는 주체가 목적에 우선하는 것과 마찬가지로 권리(the right)가 선(the good)에 우선한다는 사고에 기초한다.[36] 자유롭고 평등한 개인의 권리에 우선성이 부여되기에, 공익은 정당한 개인이익에 기반을 둔 사회구성원들의 사익들이 서로 합치하고 조화를 이룬다는 의미의 사회적 이익 그 이상이 아니라는 논리가 도출된다. "주권은 이를 구성하는 개인들로 형성된 것이기 때문에, 그 개인들의 이익에 반하는 어떠한 이익들도 가지지 않으며, 또 가질 수도 없다"는 루소의 주장은 일찍이 개인이익과 공익에 관한 자유주의적 입장을 드러내 준다고 할 수 있다.[37] 이는 또한 자유롭고 평등한 개인이 이성적일 것을 전제하는데, 바로 그 이성의 보편성 때문에 개인이익들을 모아서 볼 때 차이가 들쭉날쭉한 형상이 아닌 보편적 '공익'의 형상을 띤다는 것이다.

개별적인 이해와 요구들 속에서의 공통분모 혹은 ―롤즈의 개념에 따르자면― 중첩적 합의(overlapping consensus)[38]로 '공익'을 이해하려는 건, 정치적 영역을 갈등의 영역이 아니라 갈등이 배제된 영역으로 보려는 자유주의자들의 입장으로도 해석될 수 있다.[39] 정치영역을 '합의할 수 있는 공통분모'로 본다는 말은 곧 '차이가 적은 영

36) 이진우, 「공동체주의의 철학적 변형」, 철학연구 제42권, 2004, 248쪽.

37) 박정순, 「개인이익과 공익의 자유주의적 관련방식」, 철학연구 제61집, 2002, 208쪽.

38) J. Rawls, 『정치적 자유주의』 (장동진 역), 동명사, 1998, 9쪽.

39) 고병권, 「차이에 대한 회피와 포섭의 정치학 ―자유주의자와 공동체주의자의 논쟁을 중심으로」, 문화과학 제22호, 2000, 267쪽.

역', 다시 말해 '갈등을 피하는 영역'으로 설정하려는 걸 의미한다. 차이가 적은 '중첩'의 영역을 법과 제도로 만들어 보호해 주면서, 차이의 문제들을 공익결정에서 떼어놓기 위한 현대적 국가장치라고도 하겠다.[40]

이처럼 합리적 개인에 의한 중첩적 합의를 전제로 하는 자유주의의 난점은 죄수의 딜레마(the prisoner's dilemma)[41]와 무임승차의 문제[42](the free-rider problem)를 통해 잘 드러난다. 여기서 전자, 즉 죄수의 딜레마는 각자의 행동이 지극히 합리적이라 할지라도 고립된 채 이루어진 개인들의 결정의 결과는 최적이지 못한, 집단적 비합리성으로 전화할 수 있음을 보여준다.[43]

---

40) 고병권, 「차이에 대한 회피와 포섭의 정치학—자유주의자와 공동체주의자의 논쟁을 중심으로」, 문화과학 제22호, 2000, 273쪽.

41) 가령 두 피의자가 개별적으로 신문을 받는다고 가정하자. 또한 둘 중 아무도 죄를 고백하지 않으면 사소한 죄목으로 각각 1년형을 살게 된다고 예상할 수 있다고 가정하자. 이 경우에 예컨대 만일 한 사람만 실토하여 공범증언을 하면 그는 풀려나고 상대방은 10년이라는 장기복역을 할 가능성이 있고, 둘 다 고백하면 5년형을 받게 될 가능성이 있다. 그렇다면 두 피의자는 모두 실토하지 않는 것이 가장 합리적이다. 그러나 상대방이 죄를 고백할지의 여부가 불확실한 상태에서 자신만이 침묵을 지켜서 10년형을 살게 될 불안을 제거할 수 없다. 그렇기에 이들은 각자의 관점에서 가장 합리적인 선택을 하여, 결과적으로 둘 다 5년형을 살게 되는 선택을 하기 쉽다. 다시 말해 이는 각자의 고립적 관점에서 보아 합리적인 결정이지만 결국 두 죄수 모두 불리해지는 상황이 발생한다. 이에 관해 자세히는 박정순, 「개인이익과 공익의 자유주의적 관련방식」, 철학연구 제61집, 2002, 212쪽 참조.

42) A. O. Hirschman, *Shifting Involvements-Private Interest and Public Action*, Princeton University Press, 2002, 82쪽.

43) 박정순, 「개인이익과 공익의 자유주의적 관련방식」, 철학연구 제61집, 2002, 212쪽.

한편 후자, 즉 무임승차 문제는 공공재 산출에 있어서의 실패를 보여주는 전형이다. 공익적 문제의식에서 기획된 공공재는 대개 시민사회의 이익을 전제로 한다. 그렇기에 많은 사인들을 포함하고, 그 때 사인 각자는 자기의 기여와 부담을 회피하려는 유혹을 받는다. 이 유혹은 한 사람이 기여하는 바가 전체로 산출될 양에 대단한 영향을 미치지 않기에, 그리고 각 개인은 타인의 행위가 이미 주어진 것으로 간주하기 때문에 발생한다. 자유주의가 상정하는 합리적 개인은 만일 공공재가 산출될 정도로 타인들의 기여가 이미 충분하다면 자기가 기여하지 않아도 공공재에 대한 자신의 향유가 감소되지 않을 걸로 생각한다. 반대로 타인의 기여가 충분치 않아 공공재가 산출되지 않는다면 자신이 기여했어도 상황은 어차피 바뀌지 않을 거라고 판단할 것이다. 이 때 개인은 어느 측면에서 보아도 기여하지 않는 것이 합리적이다. 그렇다면 개개인의 합리적 선택의 합은 결코 공익과 일치하지 않게 된다.

(2) 공동체주의적 공익이해

그렇기에 공동체주의자들은 개인주의적 전제조건들로부터 출발한 자유주의가 결과적으로 자유 실현의 가능조건들마저 간과하고 있다고 비판한다.[44] 인간이 이미 주어진 가치체계 속에서 이해하고 판단하며 행동한다는 사실을 간과한 오류라는 것이다.[45] 즉 우리는 '언제나 이미' 존재했던 비자발적인 공동체에 들어가 있다.[46] 그렇기에 정

44) 이진우, 「공동체주의의 철학적 변형」, 철학연구 제42권, 2004, 243쪽.

45) 이재정, 「자유주의와 공동체주의의 역사적 실천성」, 대한정치학회보 제11집 제3호, 2004, 78쪽.

46) 고병권, 「차이에 대한 회피와 포섭의 정치학 —자유주의자와 공동체주의자의 논쟁을 중심으로」, 문화과학 제22호, 2000, 282쪽.

체성은 문화적이고 언어적이며 종교적인 공동체들에 의해 규정된다.[47] 여기서 국가는 시민들의 합의체라기보다는 시민들을 길러내는 생산적 실체로서의 '인륜적 국가', 그리고 차이들의 '유기적인 결합으로서 국가'다.[48] 그리고 공익 역시 단순한 합사회적 이익이 아니라 국가라는 생산적 실체에의 고유한 기능을 지니는 것이 된다.

공동체주의는 공동체 내에서 공유되고 있는 일반적 의미지평, 즉 공동선에 규범적 우선성을 부여한다. 따라서 공익은 각자의 공동체가 겪어 온 역사 속에서 생성된 (보편적 양식이 아닌) 특수한 양식이라 할 수 있고, 이 점에서 자유주의적 공익과 방향을 달리한다.[49] 이들은 공동선의 가치를 개인의 자유와 권리의 가치와 동등한 비중으로 고려할 것을 제시하는데, 이것은 개개사익에 종속되지 않는 공익의 독자성을 전제한다.[50]

하지만 이 때 문제는 공동체에 뿌리내린 인간의 사고와 행위의 복합적 결정체로서의 '덕'을 실현하는 기제이다. 덕을 실현시켜줄 수 있는 가장 강력한 중심체는 국가다. 그처럼 '공적인 것'을 '국가적인 것'과 동일시하면, 공동체적 덕의 논거가 전제적인 국가를 옹호하는 방향으로 나아갈 위험을 지닌다. 즉 공동체주의자들은 오늘날의 거의 모든 공동체가 근대국가라는 강력한 정치체제 내에 존재하고 있다는 사실을 간과한다.[51]

---

47) 이에 대해 자세히는 M. Walzer, 「자유주의와 자연공동체」, 자유주의를 넘어서, 제3회 다산기념철학강좌, 1999 참조.

48) 고병권, 「차이에 대한 회피와 포섭의 정치학 —자유주의자와 공동체주의자의 논쟁을 중심으로」, 문화과학 제22호, 2000, 275~277쪽.

49) 김정오, 「공동체주의와 법에 관한 연구」, 법철학연구 제3권 제1호, 83쪽.

50) 장동진, 「자유주의와 공동체주의의 구성원리: 정당성과 선」, 법철학연구 제6권 제2호, 2003, 291쪽.

(3) 실체적 공익이해의 한계

물론 자유주의자들이 개인을 사회보다 선차적인 것으로 봄으로써 자아를 실체화시키고 탈맥락화시켰다는 공동체주의자들의 지적은 일면 타당하다.[52] 또한 공동체주의자들은 사적 자유의 발원지인 공동체가 그 자체로 권리를 의미 있게 하는 공동선일 수 있음을 인식하게 해주었다.[53] 하지만 공동체와 공동선의 강조는 자칫 개별적 자유와 자율성을 부정하는, 그리하여 또다시 차이를 억누르는 동질적인 사회구상으로 이어질 수 있다. 소수자의 은폐된 권리를 실현시키기 위한 실질적인 힘과 정당화근거로서 공동체와 공동선은, 현대사회의 다층적인 차이의 문제를 단순화 내지 획일화할 위험성을 가진다.[54]

결국 자유주의와 공동체주의의 논쟁은 공익이론을 촉발시킨 계기가 된 것이 사실이지만, 어느 한쪽에 지향된 채 공익의 성격을 정의내릴 수 없다. 다만 그러한 논쟁을 통해 공익을 실체적 개념으로 바라볼 때의 난점을 파악하게 된 점은 주목할 만하다. 인간의 본질을 자아의 존재성에 둘 것인가 아니면 공동체적 관계에 둘 것인가 자체는 중요하지 않은데, 이는 모두 기독교적·근대적 사유방식에 따른 본질주의이기 때문이다.[55] 그보다는 오히려 공익을 공익이 되게 하는, 또는 되지 못하게 하는 '권력에의 의지'(will to power)가 무엇인가

---

51) 김정오, 「공동체주의와 법에 관한 연구」, 법철학연구 제3권 제호, 2000, 87쪽.

52) 윤평중, 『담론이론의 사회철학』, 문예출판사, 1998, 51쪽.

53) 김비환, 「영미 자유주의사상에서의 공익개념과 한국에서의 함의」, 철학과 현실 제50권, 2001, 43쪽.

54) 이상돈·이소영, 『법문하』, 신영사, 2005, 234쪽.

55) 이재정, 「자유주의와 공동체주의의 역사적 실천성」, 대한정치학회보 제11집 제3호, 2004, 185~186쪽.

에 천착할 필요가 있다. 이는 특정소송의 공익성 여부를 판단함에 있어서도 중요한 준거로서 작용한다.[56)]

3. 공익의 의미론

어떤 이익을 공익으로 표제화하는 것은 그렇게 말하는 주체들의 '권력에의 의지들'이 공개적으로 경합을 벌여 달성된 합의의 힘이라고 말할 수 있다. 이런 공익 개념은 실체적인 것이 아니라 절차적인 것이다. 이렇게 절차적인 개념으로서 공익은 물론 합의의 변화에 따라 그 실제 내용이 변화할 수 있다. 그런 변화의 가능성에 들어올 수 있는 몇 가지 의미론을 한데 모아 보면 아래와 같다.

[공익개념의 의미론]

① 다수이익설　　공익이란 사회구성원 다수에게 이익이 되는 것이라는 견해이다. 그러나 소수나 사회적 약자의 이익이 무시된다는 문제가 있다.

② 절대가치설　　자연법적 권리와 같이 인류 보편적 가치를 지니는 것을 공익이라고 한다. 하지만 복잡·다양한 현대 사회의 특성에 비추어 볼 때 공익을 설명하기에는 구체성이나 설득력이 부족하다.

③ 균형협약설　　집단들의 다양한 이해관계가 조화롭게 균형을 이룬 상태가 공익이라는 주장이다. 그러나 공익법 운동이란 것이 바로 그 균형과 조화의 지점에 도달하기 위한 운동인데, 그렇다면 균형과 조화의 상태에 이르기 전의 공익은 어디서 찾아야 하는가

---

56) M. Feintuck & M. Varney, *Media Regulation, Public Interest and the Law*, Edinburgh University Press, 2006, 74쪽.

하는 의문을 남긴다.

④ 확산이익설 공익이란 사회구성원 개개인에게 흩어져 있는 이익이라는 견해이다. 즉 권리 주체의 입장에서 보면 아주 작은 이익이지만 사회 전체의 입장에서 보면 큰 이익이 되는 그런 이익을 공익으로 파악한다. 이처럼 흩어져 있는 이익은 흩어져 있기 때문에 사회적으로 소외받을 수밖에 없고, 제도를 통해 구제받으려 해도 비용 때문에 적절한 보호를 받을 수 없는 경우가 대부분이기 때문에 결국 공익이란 "법적으로 제대로 보호받지 못하고 있는 이익"이라고 할 수 있다.

현재 우리 사회에서 공익의 개념에 대한 이해의 최소합의는 아마도 확산이익설에 모아져 있는 것으로 보인다. 이것이 공익소송을 전개하는 주체들 가운데 다수의 견해라고도 평가할 수 있다.[57] 민주사회를 위한 변호사모임[58]의 공익소송위원회운영규정 제2조도 '공익소송'에 대한 개념 정의에서 "공익소송이라 함은, 다중의 확산이익이 있는 소송으로서…"라고 규정함으로써 '확산이익설'의 입장을 취하고 있다. 여기서 어떤 이익이 확산되어 있는 경우라는 것은 대개 그 이익이 '잘게 쪼개져' 있는 경우를 가리킨다.

하지만 '흩어져' 있는 권리가 이와 같이 잘게 쪼개져 있는 권리로만 한정되는 것은 아니다. 사회적 약자의 권리는 잘게 쪼개져 있는 권리는 아니지만 사회적 약자의 권리이기 때문에 상대적으로 작

---

57) 황승흠, 「우리 나라 공익소송의 현황과 과제」, 『민주사회를 위한 변론』, 1999년 1월(통권 제26호), 2~3쪽; 차병직, 『NGO와 법』, 이화여자대학교출판부, 2002, 179쪽; 김진 · 이상희, 「공익소송의 이론적 배경」, 공익소송위원회 활동보고서, 민주사회를 위한 변호사모임, 2002.3, 2쪽.

58) 이하에서는 '민변'이라 약칭.

은 권리이며, 이와 같은 의미에서 강한 사회적 힘으로 뭉쳐져 있지 못하다는 점에서 흩어져 있는 권리라고도 할 수 있다.[59] 따라서 이와 같은 공익을 "소수자 · 약자 · 피해자의 권리"[60]라고 정의하기도 한다.

III. 법학에서 공익이론들

공익의 개념은 법학에서도 다양하게 사용되고 있다. 공익 개념은 가장 넓고 높은 전망으로 헌법규범 속에 자리잡고 있고(1), 우리나라를 비롯한 선진각국의 사법체계의 현실 속에서 실천되고 있으며(2), 가장 좁게는 소송 내의 구성요소로 꿈틀거리기 시작하고 (3) 있다.

1. 헌법적 '가치'로서 공익

먼저 우리 헌법질서는 기본적으로 개인의 이익을 인정하되 공동체 전세의 입장에서 이를 사회정의에 맞게, 바꿔 말해 공익적 가치에

59) 황승흠, 「우리나라 공익소송의 현황과 과제」, 『민주사회를 위한 변론』, 1999년 1월(통권 제26호), 2~3쪽.

60) 법과 사회이론 연구회 편, 법과사회 제12호, 창작과 비평사, 1995년 상반기, 특집 <법치주의와 약자 · 소수자 · 피해자 보호> 참조.

의해 조정할 수 있다는 입장을 취한다. 공익적 가치는 헌법 제23조 및 제37조에서 사용되는 공공복리·공공필요의 개념에 의해 표현되고 있다.[61] 헌법 제23조 제2항에서는 "재산권의 행사는 공공복리에 적합하도록 하여야 한다"고, 그리고 제3항에서는 "공공필요에 의한 재산권의 수용, 사용 또는 제한 및 그에 대한 보상은 법률로써 하되 정당한 보상을 지급하여야 한다"고 하여 재산권 제한의 근거로서 공공복리와 공공필요의 개념을 끌어온다. 또한 제37조 제2항에서도 "국민의 모든 자유와 권리는 국가안전보장·질서유지 또는 공공복리를 위하여 필요한 경우에 한하여 법률로써 제한할 수 있으며"라고 규정하고 있다. 여기서 공공복리·공공필요는 소극적이고 방어적인 개념인 국가안전보장이나 질서유지에 비하여 적극적이고 형성적인 개념이라 할 수 있다.

물론 공공복리나 공공필요의 개념은 국가형태나 이데올로기 지향 등에 따라 그 의미가 변화한다. 따라서 이를테면 전체주의국가에서는 개인의 이익과는 별개로 국가지상주의적으로 결정되는 이익이라는 극단적인 의미로도 사용된다는 비판이 가능하다. 그러나 일반적으로 사회국가적 진영에서 이는 개개인의 이익에 연원을 두면서도 그 사적 이익을 초월하는, 그래서 개인의 이익보다 우월적인 지위를 인정받을 수도 있는 그런 이익을 의미한다.[62] 또한 헌법상 공익은 여러 사람들의 기본권을 '동시에' '최대한' 보장하는 것으로 이해되기도 하며[63], 분배가 불가능한—바꿔 말해 개별 이익의 단순한 합산이 아닌—이익으로 파악하는 견해도 있다.[64] 하지만 헌법학계에서의 공익

---

61) 박정택, 『공익의 정치행정론』, 대영문화사, 1990, 358쪽.

62) 권영성, 『헌법학원론』, 법문사, 2001, 337쪽.

63) 장영수, 「헌법체계와 국가조직체계」, 고려법학 제43호, 2004, 138쪽.

에 관한 논의들 속에서 공익소송의 인권실현적 차원이나 확산이익의 실현, 공익의 시민성관련성[65] 등을 직접적으로 발견하기는 아직 어려울 듯하다.

2. 사법체계 안의 공익 '활동'

공익 개념은 법조인들에 의해 실현되기도 한다. 법조인의 공익활동 또는 '공익법운동'은 "역사적으로 변호를 전혀 받지 못했거나 충분히 받지 못한 이익에 대하여 법적 대표성을 부여하고자 하는 노력"[66]을 의미한다. 그런 활동의 가장 초보적인 형태가 바로 무료변론과 같은 변호사의 공익활동이었다.

서구사회에서는 일반적으로 가난한 자 또는 비영리조직에 대하여 무료 혹은 저렴한 비용으로 법률서비스를 제공하는 것이, 전통적으로 변호사집단이 가져야 할 암묵적인 도덕적 의무로 받아들여지는 측면이 강했다. 그런데 일부 국가에서는 변호사의 공익활동의무를 명문으로 규정하기도 하였는데, 미국, 일본, 그리고 우리나라가 그 대표적인 예이다. 현재 공익소송을 말할 때는 주로 변호사의 공익활동 차원에서 전개되는 소송을 연상하므로 이 예들을 좀더 자세히 살펴보는 것은 실천적 차원에서 공익소송을 규명하는 데 매우 중요하다고

---

64) R. Alexy, "Individuelle Rechte und kollektive Güter," *Recht, vernunft, Diskurs*, Suhrkamp, 1995, 239쪽.

65) 이에 대해서는 특히 M. Feintuck & M. Varney, *Media Regulation, Public Interest and the Law*, Edinburgh University Press, 2006, 107~108쪽 참조.

66) 이에 대해서는 황승흠, 「공익소송법 제안」, 참여연대 공익소송센터, 『공익소송법 제안설명회』, 제2회 공익소송토론회 자료집(1996) 참조.

할 수 있다.

(1) 미국의 변호사 공익의무

미국에서의 공익법운동은 초기에는 poverty law라 통칭되는 법률구조 프로그램에서 시작되었다. 이후 빈곤자 법률구조를 위해 연방정부에서 전업변호사를 고용하는 형태로 발전하였으며, LSC(Legal Services Corporation)가 별도로 설립되기에 이르렀다. 하지만 이는 정부에 의한 공적 부조이니만큼 다룰 수 있는 사건의 성격이 제한되어 있었고, 이른바 '정치적'인 문제, 예컨대 불법체류 외국인 문제나 학교 내 차별문제, 낙태 등을 다루는 건 금지되어 순수한 법률구조에만 역할이 한정되어 있던 측면이 강했다.[67] 정부의 예산감축을 보완하기 위한 ABA(American Bar Association)의 프로보노 지원정책도 그리 활성화되지는 못하였다.[68]

이에 공익변론을 위한 다른 대안적 변호사단체들이 자원활동을 조직하여 전개해나가기도 하였다. 이를테면 NLG(National Lawyers Guild)는 일찍이 1940년대부터 노동조합 조직화에 참여하였고, 50년대에는 하원 반미활동위원회 청문회 등에서 노동조합 지도자들의 변론활동을 하였다. 최근까지도 여성·동성애자·장애인 등을 위한 적극적 조치(affirmative action)의 실현과 관련한 기획소송 등을 꾸려나가고 있다.[69] 또한 로펌이나 소형 법률사무소 차원에서 공익변론을 수행하기도 하는데, 비영리 사회단체와 한두 사람의 피해자에 중소규모의

---

67) 박찬운, 「미국변호사들의 공익적 활동」, 조영래변호사 8주기 추모 심포지엄 자료집, 27쪽.

68) 김진·이상희, 「공익소송의 이론적 배경」, 『공익소송위원회 활동보고서』, 민주사회를 위한 변호사모임 공익소송위원회, 2002, 6쪽.

69) http://www,nlg.org.

법률사무소가 결합함으로써 사건화되는 것이다.[70)]

또한 많은 경우 미국에서의 공익변론은 ACLU(American Civil Liberties Union)나 Public Citizen Litigation Group과 대규모 환경단체들(the Sierra Club, EDF, NRDC) 등 사회단체들에 의해 주도되고 조정된다. 이들은 상근변호사를 고용하고 일반 자원봉사 변호사들의 도움도 받아 인권변론뿐만 아니라 소비자·환경 문제 등에 대한 법원소송, 행정위원회에서의 문제제기, 대중홍보, 입법운동 등을 다양한 형태로 전개하고 있다.[71)] 이들은 특정 개인에게만 이익이 되는 것이 아니라 사회적 영향이 있는 사건만을 선택하고, 기획·시험소송을 통해 공격적으로 헌법적 이슈들을 제기하며, 전국규모에 걸쳐 승소의 의미를 확대하기 위해 민간변호사들과도 광범위하게 연대한다. 그런 점에서 이들의 공익변론은 단순한 무료변론보다 판결을 통해 사회적 변화를 끌어내려는 공익소송의 측면이 한층 강하다고 하겠다.[72)]

(2) 일본의 프로보노

일본의 경우 변호사의 공익활동, 프로보노(pro bono)의 일환으로, 제2동경변호사회를 중심으로 1992년 공익활동에 대한 회칙이 정해지면서 변호사의 공익활동인 프로보노가 주목받게 되었고, 그 범위가 제1동경변호사회와 오사카변호사회로 확대되었다. 제2동경변호사회가

70) R. A. Baum, *Public Interest Law: Where Law Meets Social Action*, Oceana Publications Inc., 1987, 42쪽.

71) 김진·이상희, 「공익소송의 이론적 배경」, 『공익소송위원회 활동보고서』, 민주사회를 위한 변호사모임 공익소송위원회, 2002, 9쪽.

72) R. A. Baum, *Public Interest Law: Where Law Meets Social Action*, Oceana Publications Inc., 1987, 45쪽.

1992년 정한 회칙의 내용을 보면, 공익활동의 범위를 변호사회의 각종 위원회에서의 활동, 변호사회 및 회지정의 법률상담 담당자로서 활동, 국선변호인으로서의 활동, 당번변호사로서의 활동, 법률부조사건에 관한 활동, 변호사회가 설치한 중재인 및 그 보조자로서의 활동, 법령에 의해 관공서가 위촉한 사항에 관한 활동, 기타 변호사회가 위촉한 사항에 관한 활동 등으로 정하고 있다.

한편 제1동경변호사회의 경우 제2동경변호사회와 달리, 위와 같은 공익활동을 하지 않은 경우 회장이 회원에게 위원회 활동에 참가하도록 요구할 수 있고,[73] 이에 정당한 사유 없이 불응하거나 공익활동을 배려하지 않은 회원에 대하여 징계할 수 있는 규정까지 두고 있다.[74] 그러나 일본의 변호사법은 아직 우리의 개정 변호사법과 같이 변호사의 의무적 공익활동을 법률로 정하고 있지는 않기 때문에, 일본변호사들의 공익활동은 아직 기지개에 불과하다고 하겠다.[75] 한

73) 2004년부터 ① 법률상담, ② 국선변호, ③ 당번변호, ④ 법률부조, ⑤ 변호사회의 위원회활동의 참가 중 하나를 하지 않으면 5만엔의 부담금을 내게 되어 있다.

74) 변호사의 공적 책임은 무엇인가에 대한 대립이 동경변호사회에서 일어나고 있다. 법률상담 등 5개 항목의 일을 공익활동으로 정하고, 하지 않는 변호사에게 부담금이라는 명목으로 벌금을 과한 결과, 일부 회원들은 그 이외의 공익활동을 많이 하고 있으므로 그와 같은 부담금을 낼 수 없다는 주장을 하고 있다. 사태를 살펴보면, 2004년도 실적상 회원 4756명 중 의무를 다한 사람은 약 6할에 지나지 않았다. 고령 등으로 면제된 회원을 뺀 636명 중 5만엔을 낸 사람은 487명이고, 28명은 미납이라고 한다. 한편, 川人博 변호사는 "과로사110" 등과 같이 노동자의 인권문제에 관련한 일이나, 동경변호사회가 지정한 공익활동에 해당되지 않는 경우가 있어, 변호사들이 상대적으로 변호사회에서 지정하지 않은 공익활동에 소홀해질 우려가 있다고 지적했다. 朝日新聞 2005.12.15.

75) 박원순, 「변호사의 공익적 책무 —국민권익옹호와 사회변화의 역군으로서의 변호사」, 인권과 정의, 2000.9.

편, 일본의 경우도 변호사의 공익활동(probono activity)이 무엇인가에 대해 논란이 있다. 이러한 논란 가운데 穗積忠夫는 공익적 사건의 공통된 특징을 다음과 같이 정리하였다;[76] "의뢰자가 빈곤한지 여부를 떠나 비용면에서 부담이 되고, 따라서 변호사의 측에서 보면 채산이 맞지 않는 사건이며, 그럼에도 불구하고 의뢰인 당사자의 권리옹호에 그치지 않고 다수의 시민의 공통된 권리를 수호한다는 점에서 사회적 의미가 있는 것이다."

일본에서 프로보노활동은 여러 가지 영역에서 다양하게 펼쳐지고 있다. 특히 핵무기반대,[77] 평화운동에 관한 국제적인 문제를 다루는 활동에서부터, 아동학대방지,[78] 아동권리보호, 성범죄피해자 지원관계[79]를 다루는 등 아동이나 여성의 보호에 초점을 맞춘 활동, 정치개혁에 관한 문제를 다루는 활동,[80] 공해문제 등 환경영역을 다루는 활동,[81] 선물 및 증권거래에서의 피해문제[82] 등 경제영역을 다루는 활동, 과로사나 노동 중의 장애자에 관한 문제 등 노동문제를 다루는 활동,[83] 의료개선이나 의료사고, 환자의 권리에 관한 문제[84] 등 의료영역과 관계된 문제를 다루는 활동, 담배소송[85] 등과

---

76) 穗積忠夫, 公益的事件と弁護士活動, ジュリスト611号, 49쪽.

77) http://www.ialana.org, http://www.ippnw.org, http://www.ipb.org, http://hccweb1.bai.ne.jp/hankaku/

78) http://www.jcap.org/

79) http://www5a.biglobe.ne.jp/~SURVIVOR/

80) http://www.kitakyu-u.ac.jp/law/LawStudies/Personal/Kamiwaki/ombuds_menu.htm.

81) http://www.kita-osaka.co.jp/~nosedioxin/diox-index.htm

82) http://futures.ferio.net/fc/ , http://www2.osk.3web.ne.jp/~syouken/

83) http://homepage2.nifty.com/karousirenrakukai/, http://www.bekkoame.ne.jp/i/karoshi/

같이 프로보노의 활동영역은 다양화되어 있다. 또한 시민에 의한 감시, 감독[86]과 매스컴 보도[87]를 통해 침해된 인권 등의 보호를 강조하기도 한다. 한센병과 같은 국가배상문제[88]나 변호사비용의 패소자 부담에 따른 재판에 관련된 문제,[89] 제조물결함에 대한 소비자 보호의 문제,[90] 철도안전 등 교통기관의 문제,[91] 당번변호사 지원 등 형사소송의 문제[92] 등으로 그 영역은 점점 확대되어 가고 있는 실정이다.

(3) 우리나라

우리나라 변호사법 제1조는 "변호사는 기본적 인권을 옹호하고 사회정의를 실현함을 그 사명으로 한다"고 정하고 있다. 뿐만 아니라 변호사의 공익활동을 명문으로 의무화하고 있는데, 동법 제27조에 따르면 변호사는 연간 일정 시간 이상을 공익활동에 종사하여야 하고(제1항), 법령에 의하여 공공기관, 대한변호사협회 또는 소속 지방변호사회가 지정한 업무를 처리하여야 하며(제2항), 그러한 공익활동의 범위와 시행방법 등에 관하여 필요한 사항은 대한변호사협회가 정하도록(제3항) 규정하고 있다. 이에 따라 대한변호사협

84) http://www3.ocn.ne.jp/~mmic/, http://www02.so-net.ne.jp/~kenriho/

85) http://plaza10.mbn.or.jp/~sensho/

86) http://www1.neweb.ne.jp/wa/kabuombu/

87) http://kansainokai.hoops.livedoor.com/

88) http://www.geocities.co.jp/WallStreet-Bull/9874/

89) http://www.geocities.co.jp/WallStreet-Stock/4652/

90) http://homepage2.nifty.com/kekkanzenkokunet/

91) http://www.tasksafety.org/index.htm

92) http://www.melbosaka.com/

회는 회칙과 「공익활동 등에 관한 규정」을 통해 변호사의 공익활동에 대하여 구체적인 내용을 정하고 있다. 그 주요 내용은 다음과 같다.

□ 대한변호사협회 회칙

제9조의2 [공익활동 참가 등]

① 개인회원은 연간 일정시간 이상 공익활동에 종사하여야 한다.

② 개인회원은 법령에 의하여 공공기관, 이 회 또는 소속 지방변호사회가 지정한 업무를 처리하여야 한다.

③ 공익활동의 범위와 시행방법 등은 규정으로 정한다.

(2000.7.19. 본조신설)

□ 공익활동 등에 관한 규정

제2조 [공익활동의 내용] 공익활동이라 함은 다음 각호에서 정하는 것을 말한다.

1. 시민의 권리나 자유 또는 공익을 위하거나 경제적인 약자를 돕기 위하여 마련된 자선단체, 종교단체, 사회단체, 시민운동단체 및 교육기관 등 공익적 성격을 가진 단체에 대하여 무료 또는 상당히 저렴한 비용으로 법률서비스를 제공하는 활동과 위 공익적 단체의 임원 또는 상근자로서의 활동 중 이 회 또는 지방변호사회가 공익활동으로 인정하는 활동(2003.2.10. 개정)
2. 이 회 또는 지방변호사회의 임원 또는 위원회의 위원으로서의 활동(2003.2.10. 개정)
3. 이 회 또는 지방변호사회가 지정하는 법률상담변호사로서의 활동(2003.2.10. 개정)
4. 이 회 또는 지방변호사회가 지정하는 공익활동 프로그램에서의 활동(2003.2.10. 개정)
5. 국선변호인 또는 국선대리인으로서의 활동(2003.2.10. 개정)
6. 법령 등에 의해 관공서로부터 위촉받은 사항에 관한 활동(다만,

상당한 보수를 받는 경우를 제외) (2003.2.10. 개정)

7. 개인에 대한 무료변호 등 법률서비스 제공 행위 가운데 공익적 성격을 가진 것으로서 이 회 또는 지방변호사회가 공익활동으로 인정하는 활동(2003.2.10. 개정)

제3조 [공익활동 등의 실행]

① 개인회원은 제2조의 공익활동 중 적어도 하나 이상을 선택하여 연간 합계 30시간 이상 행하여야 한다. 다만, 특별한 사정이 있는 지방변호사회는 위 30시간을 20시간까지 하향 조정할 수 있다.

② 부득이한 사정으로 제1항의 공익활동 시간을 완수하지 못한 개인회원은 1시간당 금 20,000원 내지 30,000원에 해당하는 금액을 소속 지방변호사회에 납부하여야 한다.

③ 법조경력이 2년 미만이거나 60세 이상인 회원, 질병 등으로 정상적인 변호사업무를 수행할 수 없는 회원과 기타 공익활동을 수행할 수 없는 정당한 사유가 있는 회원은 제1항의 의무를 면제한다.

이와 같이 변호사의 공익활동 의무가 변호사단체의 내부 규칙 등에 맡겨져 있지 않고 법률에 의해서 규정되고 있는 경우로는 우리나라가 거의 유일하다.[93][94]

우리나라에서도 자원봉사의 형태로 일정 단체에서 자문위원, 운영위원의 역할을 수행하는 것이 공익활동의 전형적인 양태였다. 그러나 현재는 환경운동단체나 여성단체, 노동운동단체 등 다양한 시민운동의 지층에서 전문 시민운동가가 그 역할을 수행하는 방향으

---

93) 이경룡, 「변호사 공익활동의 현황과 전개 방향에 대한 소고」, 시민과 변호사 2000년 4월, 86쪽.

94) 일본과 미국에서도 공익활동의무를 규정해 놓기는 하였으나, 그것이 법률의 수준이 아닌 변호사 단체가 제정한 행동강령(code of conduct)에 규정되어 있을 뿐이다(황승흠, 「변호사의 공익활동의무」, 법과 사회 vol 26(2004), 237쪽).

로 변모해가고 있다. 또한 많은 변호사들도 민주노총, 환경운동연합, 참여연대 등에서 활동하면서 자신들의 전문성을 타 영역의 전문성과 결합하여 운동 차원의 공익소송을 제기해가고 있다.[95] 시민운동이 공익소송의 형태로 진행되는 경우에 운동의 중심적인 역할은 법률 전문가인 변호사가 맡게 되는 경향이 더욱 커질 것으로 전망된다.

(4) 공익변론의 의의 및 한계

공익활동의 초기적 형태인 무료변론도 법적으로나 정치적으로 소외된 자의 이익을 위한 활동으로서, 그 자체로 공익적 의미를 갖는 공익법운동이 된다는 점에 대해서는 반론의 여지가 없다. 그리고 소수의 보호로 갈등을 해소하고 그로 인해 사회적 모순 해결에 기여하게 됨으로써 공익법운동은 미시적인 차원에서 사회운동 성격까지 띠게 된다. 그러나 무료변론 활동은 소송절차가 전제된 개별 고객에게 도움을 줄 수 있을 뿐이고, 그것으로 소외 집단의 일반적 이익을 실현할 수 있게 하거나 그런 시민역량을 강화시켜 주지는 못한다. 그렇기 때문에 무료변론 자체로는 공익법운동의 목표를 충분히 달성할 수 없다.[96]

공익변론은 기본적으로 법조인의 정의감과 직업에토스(Berufsethos)에 근거를 두고 있기 때문에 다분히 이상적인 측면이 강하다. 더구나 변호사에 대한 보수문제를 해결할 수 있는 시스템완비가 선행되

95) 이재명, 「변호사 공익활동 더 많이 기대돼」, 시민과 변호사 2000년 4월, 94~95쪽.

96) 이와 같은 문제의식으로는 차병직, 『NGO와 법』, 이화여자대학교출판부, 2002, 181쪽.

어야, 증가하는 다층적인 공익소송에 대한 사회적 요구들을 발견하고 또 수용할 수 있다. 이를 위해 공익법운동은 궁극적으로 법제도의 개혁을 목표로 할 수밖에 없는 특성을 갖는다.

3. 공익'실현'기제로서 판결

공익소송의 공익 개념은 바로 소송의 내적 구조에 자리잡을 수 있어야 독자적인 의미를 획득할 수 있다. 법개혁을 지향하는 공익법운동은 의회의 입법 차원에서뿐만 아니라 소송의 구조적 변화를 통해 전개될 수도 있다. 공익'소송'이라는 개념 자체가 가장 좁게는 바로 그와 같은 변화를 기획하는 것이라고 볼 수 있다.[97]

공익'소송'은 소송을 통해 사회문제를 발견하고 해결하며 제도개선을 꾀하고 있다는 점에서, 단순히 무자력자를 도와 소송을 진행하는 무료변론 형태의 변호사공익활동과는 구별된다.[98] 즉 사회적으로 의미 있는 권리임에도 불구하고 잘게 쪼개져서 사회구성원들 개개인에게 흩어져 있고, 보호받아야 할 권리라는 사회적 인식이 미흡하며, 그렇기에 법적으로 제대로 보호받지 못했던 권리를 캐어내고 보호해줌으로써 사회여론을 촉진시키고 판례를 축적해가는 걸 목적으로 한다는 것이다.

여기서 주의해야 할 점은 공익소송의 기획자들이 단순히 어떤 인권적 감수성에 기반하여 공익이라고 이름 붙인다고 해서 그것이 곧

---

97) 차병직, 『NGO와 법』, 이화여자대학교출판부, 2002, 181쪽.

98) 김진 · 이상희, 「공익소송의 이론적 배경」, 『공익소송위원회 활동보고서』, 민주사회를 위한 변호사모임 공익소송위원회, 2002, 2쪽.

바로 공익인 것은 아니라는 것이다. 사회구성원의 이익들 중에서 사회가 정당하다고 수용하는 것들만 공익이 '되'는 것이다. 그런데 이 때 '정당하다고 수용되는' 자체가 공익소송을 통해 이루어지는 차원이 존재한다. 즉 공익소송은 단지 정당한 이익을 보호할 뿐 아니라 정당한 이익을 구성하는 역할도 하게 된다.[99] 그렇기에 공익소송은 공론경쟁에 참여하는 하나의 의사소통적 행위라고 볼 수 있다. 판결은 한편으로는 공론경쟁력이 있는 공익 관념을 수용하여 법을 해석·적용하는 것이어야 하기도 하지만, 다른 한편 판결 그 자체가 거시적으로 보면 공론경쟁력을 펼치는 하나의 의사소통적 행위가 된다.[100] 물론 판결을 통해 공익 주장의 논의는 '제도적으로' 일단락되긴 하지만, 그것은 영속적인 것이 아니라 잠정적인 결론일 뿐이다.

IV. 민주적 법치국가와 공익소송

1. 민주적 법치국가의 실현기제

공익소송은 기존의 사법체계에 제도화되어 있는 소송과는 분명 다

99) 비슷한 취지로 박정택, 『공익의 정치행정론』, 대영문화사, 1990, 76쪽 참조.

100) 판결을 의사소통적 행위, 말행위의 하나로 바라보는 나의 관점에 대해 자세히는 이상돈, 「법관의 말행위와 올바른 법」 저스티스, 1992, 제25권 제2호, 155~175쪽; 이상돈, 『새로쓴 법이론』, 2005, 288쪽 아래 참조.

른 차원을 갖고 있는 듯하다. 그 차원은 제도개혁에 대한 강한 지향성과 사회운동적 성격[101]에 놓여 있다. 이 성격은 민주적 법치국가의 성장에 대한 공익소송의 특별한 기여가능성과 관련을 맺는다. 우리의 헌정질서가 표방하는 민주적 법치국가(demokratischer Rechtsstaat)가 만일 '이상적으로' 구현된다면, 보호되어야 할 모든 권익이 모든 사람들이 동의할 수 있는 수준과 방식으로 실정법의 권리체계에 정합적인 질서의 모양을 한 채 빈틈없이 그리고 가지런히 자리잡을 것이다. 그런 이상은 '공식적인 입법기제'(의회, 행정입법, 법원의 구체적 법규범형성)가 모든 사람의 관점을 형평 있게 그리고 최대한 교환시켜 진정한 의미의 합의(상호이해)에 도달케 하는 상황, 하버마스가 말하는 "이상적인 대화상황"(ideale Sprechsituation)[102]이 전제될 때에나 실현될 것이다. 하지만 현실의 입법기제가 갖는 대화적 의사형성(대화적 법규범의 형성)의 역량은 대화의 시·공간 제약과 대화자들의 당파성이나 전략적 행동경향으로 인해 언제나 제한된 범위에 머무른다.[103]

그러므로 공식적인 입법기제로 제도화된 실정법체계는 한편으로는 그것이 갖고 있는 민주적 의사형성의 역량에 비례하여, 또한 그만큼만 정당성을 지니게 되겠지만, 다른 한편으로는 그런 역량의 한계에 비례하여 또한 그만큼은 정당성의 결핍에 시달릴 수밖에 없다. 합법성(Legalität)은 그처럼 정당성(Legitimität)과 실정성(Positivität)

---

101) 공익소송의 사회운동적 성격을 강조하는 김인회, 「담배소송이 민변의 공익소송인가」, 공익소송위원회 활동보고서, 민변, 2002.3, 25쪽 참조.

102) 이 개념은 J. Habermas, "Wahrheitstheorien," *Vorstudien und Ergänzung zur Theorie der kommunikativen Handels*, Frankfurt/M, 1984 참조.

103) 이런 대화의 현실적 제한에 대해 이상돈, 『새로쓴 법이론』, 2005, 292쪽 아래 참조.

사이에 존재하고,[104] 이런 합법성은 법제정권력자의 권위로 환원될 수도 없지만, 자연법적 인권에 대한 주관적 확신으로 대체되어서도 안 된다. 공익소송의 기획자들이 자신의 인권사상을 절대화하고 현행 법질서의 합리성을 간단하게 외면해 버린다면, 도리어 도덕적 엘리트주의에 빠지게 될 것이다.[105] 합법성에서 완전히 구현되지 못한 정당성의 공백은 오직 시민사회의 공론이 활성화되고, 그 공론 속에서 다양한 견해들이 타당성 경쟁을 펼치고, 그 가운데 우월한 경쟁력(공론경쟁력[106])을 보이는 주장들을 법체계가 지속적으로 반성하면서 수용하는 자기변화를 도모해 나감으로써만 메워질 수 있다.

2. 인권실현의 보완기제

그런 행위를 통해 국가는 새로운 인권기획을 갖고, 법과 제도를 변화시켜 나아갈 수도 있다. 그런 점에서 공익소송이 피해구제의 개인적 차원에 머무르지 않고, 제도개선, 소수자의 권리형성과 실현 등과 같이 넓은 의미에서 인권을 실현하는 기능을 수행한다는 점은 매우 중요하다. 이렇게 볼 때 공익소송은 인권운동, 시민불복종운동과 함께 민주적 법치국가의 공식적인 입법기제가 민주적 의사형성을 다

104) 이런 합법성의 개념에 대해 자세히는 이상돈, 『인권법』, 184~185쪽 참조.

105) H. Richard Beresford, *Neurology and the Law: Private Litigation and Public Policy,* Contemporary Neurology Series, 1998, 131~132쪽.

106) 이 개념을 처음 사용한 이상돈, 시민불복종운동 — 논쟁, 이론, 개념, 법제화, 『법치국가와 시민불법종』, 2001. 135쪽.

하지 못하는 부족 부분을 메워주는 민주적 법치국가의 성찰적 기제가 될 가능성이 있다고 말할 수 있다.

공익소송이 인권운동과 시민불복종운동과 함께 그런 기제로 확고하게 자리잡게 된다면 민주적 법형성은 그 결함을 메워 주는 삼륜마차를 갖는 셈이 된다. 이 때 마차의 세 바퀴는 모두 공통된 기능을 수행하지만 운동의 전개양상은 다소 다르다. 즉 인권운동이 입법기구에 적극적(positiv)으로 인권사상을 밀어 넣는다면, 시민불복종운동은 현행법의 소극적인(negativ) 거부를 통하여 법체계의 변화를 촉발시킨다. 한편 권리를 실현하거나 새로운 권리를 구성하는 공익소송의 기획은 직접 의회의 입법을 추진하는 것이 아니라 구체적인 권리구제를 추진할 뿐이라는 점에서는 시민불복종운동처럼 소극적이다. 그런데 공익소송의 경우, 재판을 통해 새로운 법규범을 형성한다는 점에서는 동시에 적극적이기도 하다. 여기서 이 두 가지 특성을 아울러, 공익소송은 능동적(aktiv)으로 민주적 법형성의 부족을 메우는 기제가 된다고 말할 수 있다.

3. 공익소송의 공론경쟁적 성격

민주적 의사형성의 보완적 기능은 이제까지는 주로 인권운동과 시민불복종운동에 의해 수행되어 왔다. 그런데 인권운동에서나 시민불복종운동에서나 그 운동주체들이 갖는 정의(또는 자연법적 인권)에 관한 주관적 확신과 그것을 실현하려는 정치적 투쟁이 정작 그 운동이나 두생의 목표를 달성할 수는 없다. 이것은 현대사회의 복잡성과 불확실성에서 비롯된다. 이런 점은 현대사회의 법사회학에서는 널리 받아들여지는 일반적인 통찰이 되었다.107) 이론적으로뿐만 아니라 실천적으로도 많은 사람들은 현대사회에서 인권운동이나 시민불복종운동이 공론영역에서 그것들이 주장하는 권리의 타당성에 대해 논증하고 시민들의 광범위한 동의를 얻어가는 의사소통적 방식에 의해서만 비로소 성과를 이룰 수 있다는 통찰을 하곤 한다.

이러한 점은 공익소송에서도 동일하게 타당하다. 공익소송은 그것이 주장하는 인권사상에 대한 시민들의 동의가 광범위해질수록, 즉 공론경쟁에서 더 타당한 것으로 승인될수록, 그 주장내용을 실정법으로 제도화하는 힘을 얻을 수 있다. 또한 정치인들도 정치적 지배를 유지하기 위해서는 공론경쟁에서 타당성이 승인된 새로운 주장들을 수용하지 않을 수 없게 된다. 의사소통의 상황이 왜곡되어 있지 않다고 전제할 때, 그런 공익소송의 힘은—하버마스의 용어를 빌리면—'의사소통적 권력'(kommunikative Macht)이라고 부를 수 있을 것이다.108)

하지만 공익소송은 하나의 법형성운동으로서 공론경쟁에서 패할 수 있음을 간과해서는 안 된다. 설령 소송에서는 이기더라도 그 판결의 정당성에 대한 의문이 지속적으로 근거 있는 논거에 의해 반박될 수 있다. 또한 그런 논거에 기초한 입법이 의회차원에서 이루어

107) 이에 대해서는 이상돈, 「시민불복종운동」, 『법철학』, 법문사, 2003, 261쪽 아래 및 이상돈, 『인권법』, 세창출판사, 2005, [3]단락 참조.

108) J. Habermas, "Historical Materialism and the Development of Normative Structures," *Communication and the Evolution of Society* (T. McCarthy 영역), Beacon Press, 1979, 119쪽 아래; 그러한 의사소통적 권력의 작동을 구체적으로 보여준 예로, 의료영역에서 이를 펼쳐보인 이상돈, 『의료체계와 법』, 고려대학교 출판부, 2000, 91쪽 아래.

질 수도 있다. 이런 점은 인권운동이나 시민불복종운동에서뿐만 아니라 공익소송운동에서도 꼭 마찬가지이다. 여기서 매우 중요한 결론을 맺을 수 있다. 바로 공익소송의 공익성은 공익소송단체가 결정할 수 있는 것이 아니라 공론영역에서 의사소통적 권력을 얻는 타당성 획득의 역량이며, 또한 그래야 한다는 점이다.

[3] 공익소송의 개념과 구조

공익소송은 아직은 성장하고 있는 법개념이다. 그 개념의 구조는 인권실현(I), 확산이익(II), 주체(III)의 표지로서 구체화될 수 있다.

I. 인권실현

먼저 공익소송이 되려면 인권을 실현하는 기능이 수반되어야 한다. 이는 공익소송에 의해 보호되는 권리의 성격에 대한 새로운 이해를 요구한다.

1. 공익소송에서 보호되는 권리

'공익'에서 중점을 두어야 할 개념표지가 '법적으로 제대로 보호받지 못했던 이익'인지, 혹은 공식적인 입법기제에서는 온전한 상호이해에 따라 합의되지 못했던 '생성중인 인권'인지, 아니면 변호사의 '공익활동의무'에 기반한 법전문가의 '직업윤리 실현의 기제'인지는 아직 명확히 설정되어 있지 않다. 또한 공익소송에서의 원고 적격이나 소의 이익 확장은 근대적 소송관에 어떠한 변화를 초래하는가에 대해서도 아직 많은 연구가 이루어지지는 않았다.

하지만 분명한 건 공익소송에 대한 이론적 연구와 정책적 전망을 수행해가는 것은, 단순히 시민사회운동(social movement)차원의 법학외재적인 논의에 그치거나, 소송제도 차원에서 법학내재적인 논의에만 머물지 않는다는 점이다. 공익소송은 제도개선과 소수자 권리의 형성 등 넓은 의미에서 인권실현의 기능을 수행한다. 공익소송의 정당성은 새로운 인권을 주장하는 목소리들이 시민사회에서 더욱 광범위한 동의(consensus)와 공감(sympathy)을 얻어냄으로써 형성되고, 그러할 때 실정법으로 제도화하는 힘을 얻게 되는 것이다.

공익소송은 '법적으로 제대로 보호되지 않았던 이익',[1] '약자 및 소수자의 권익, 시민권, 국가권력으로부터 침해된 시민의 권리',[2] '그동안 제대로 인식되지 못한 권리'[3]의 보호에 이바지하고자 한다. 이런 권리들의 내용이 구체적으로 무엇인지는 불분명하다. 하지만 공익소송을 표방하는 다양한 소송의 현황들을 분석해 보면 보호의 범위는 실정법체계에 이미 정착된 권리의 실효성을 확보하는 데에 그치

---

1) 황승흠, 「우리나라 공익소송의 현황과 과제」, 민주사회를 위한 변론 (통권 26호), 1999년 1월, 민주사회를 위한 변호사모임, 2쪽.

2) 민변 공익소송위원회 운영규정 제2조.

3) 김진 · 이상희, 「공익소송의 이론적 배경」, 공익소송위원회 활동보고서, 민주사회를 위한 변호사 모임, 2002.3, 2쪽; 김진 · 이상희, 민주사회를 위한 변론 2000, 9/10월호(통권 36호) 참조.

지 않고, 이미 정착되긴 했으나 현실화되지 못하고 있는 권리를 실현하고 새로운 권리를 창설하는 데에까지 미치고 있는 것으로 보인다. 그렇기에 공익소송은 민주적 법치국가의 법형성 기제와 소송모델에서 온전히 인식되지 못한 권리들의 타당성을 시험해볼 수 있는 가능성, 바꿔 말하면 근대적 법체계의 틀을 넘어서는 성장의 가능성을 열어준다고도 하겠다.

아마도 공익소송으로 주장되는 다양한 권리의 유형들을 모두 포괄할 수 있는 건 '인권' 개념뿐일 듯하다.[4] 그러므로 공익소송의 개념을 구성하는 중요한 내포 중 하나는 인권이 된다.

2. 인권의 형성

이를 이해하기 위해서 공익소송이 보호하는 다양한 차원의 권리들이 어떻게 '인권'의 개념범주로 포괄되는지, 다시 말해 어떻게 인권형성의 단계들에 포섭되는지를 살펴볼 필요가 있다.

(1) 인권형성의 네 단계

인권형성은 네 단계로 나누어 볼 수 있다. 첫째 단계는 인권주장이다. 개인의 인권주장은 인권에 관한 말행위(speech act)로서, 수사학적 호소를 통해 민주적 법치국가에서 자신의 권리가 보장되지 못한 점, 즉 법으로부터 소외된 사실에 대해 다른 사람들의 관심을 끌어내는 사회적 행위의 하나이다.

---

4) 이를 인권형성의 세 단계로 설명해내는 이상돈, 『인권법』, 세창출판사, 2005, 224쪽 아래 참조.

두 번째 단계로 인권의 생성단계이다. 즉 일정한 인권주장에 공감하는 사람들이 시민사회에서 하나 둘씩 늘어나면 주장된 인권의 내용에 대해 토론이 촉발되고, 상이한 관점의 표현들이 유발된다. 이 상태에 이르면 주장된 인권은 ―나중에 권리화에 성공한 시점에서 바라보면― '생성중인 인권'이라고 부를 수 있다.

세 번째 단계는 공론경쟁력의 단계이다. 앞서 생성중인 인권은 다시 (정치적으로) 조직화되고 공적인 토론의 장으로 들어가 그 승인여부를 놓고 합리적인 논거로 무장한 비판과 토론의 과정을 겪게 된다. 이 같은 대화의 과정에서 모든 이는 아닐지라도 다수를 설득시킨다면 생성중인 인권은 '공론경쟁력'을 갖는다고 말할 수 있다. 그리고 이때 생성중의 인권은 보편적인 인권 ―엄밀하게는 '절차적으로 정당화된 인권'― 으로 성장한다. 우리 사회에서 볼 때 가령 동성애자의 결혼권이나 독신여성의 입양권 등이 '생성중인 인권'의 단계에 있다면, 양심적 병역거부자의 대체복무권은 '보편적 인권'의 단계에 거의 다 와 있다고 볼 수 있을 것이다.

《 인권의 형성단계 》

영 역	인권의 형성	추 진 력		행 위
국 가	실정법적 권리	법제형성력	정치적 힘	인권실현 (법실현운동)
공론영역	보편적(이나, 실정화되진 않은) 인권	공론경쟁력	설득력	인권운동 (법제화운동)
시민사회	생성중인 인권	토론형성력	관점교환촉진력	인권운동 (보편화운동)
개 인	인권 주장	관심형성력	수사학적 호소력	인권을 말함

마지막으로 인권주장의 공론경쟁력이 정치체계에 영향을 미치는 힘, 즉 법제형성력으로 전환되면 보편적 인권은 마침내 실정법적 권리로 제도화된다. 이런 인권형성의 단계를 도표화하면 위와 같다.

(2) 인권담론과 권리화단계

여기서 우리는 인권이 단순히 '보장되어야 할' 권리들의 실현을 지향할 뿐 아니라, 새로운 권리화를 추구함을 알 수 있다. 새로운 권리를 발견해내는 건 '인권을 말함(말하는 행위)'이 갖는 수사학적 호소력에서 비롯된다. 그런데 이처럼 개인적 차원에서의 인권주장을 넘어서 시민사회에서 '생성중인 인권'의 단계로 넘어가기 위해서는, 수사학적 호소력을 뛰어넘은 서로의 상이한 관점을 교환시키는 촉진력이 요구된다. 이는 '말함의 민주성', 즉 '억압 없이 이야기하고 동등하게 귀 기울여지는' 구조[5]가 인권담론에 선제되어야 한다는 점과 맥을 같이한다.

즉 인권이 한편으로는 자연법적 절대성으로 회귀하지 않으면서도, 다른 한편 단순히 국가가 법으로 '이미' 보장해 주는 경우에만 존재하는 실정법적 권리로 남지 않을 제3의 가능성은 언어 속에, 다시 말해 '말함' 속에 존재한다.[6] 즉 태초부터 어떠한 권리가 절대불가침한 형태로서 존재했던 것이 아니라, '사람다운 권리'를 호소하는 행위가 있고, 그 행위가 어떤 사태의 규범적 의미에 대해 사람들을 설득시키고 합의된 의사를 이끌어낼 때 그 사회에서 '인권'으로 인식될 수 있다. 이처럼 인권을 말하고, 듣고, 다시 말하는 행위, 즉 인권에 관한 거시적 대화는 '인권담론'을 형성한다.

---

5) 이에 대해 자세히는 이상돈, 『법철학』, 2003, 99쪽 아래 참조.

6) 이상돈, 『인권법』, 세창출판사, 2005, 112쪽.

3. 공익소송을 통한 인권의 실현

(1) 유형화

공익소송은 존재하던 권리라 할지라도, 그 권리성을 집단 혹은 개인이 망각하고 있었던 경우, 그것을 새롭게 부각시키는 계기를 사회적으로 확산시킬 수 있다. 이런 경우의 공익소송도 새로운 권리를 만들어가는 경우와 마찬가지로 인권 실현의 의미를 가진다. 지금까지 우리 사회에서 공익소송으로 제기되었던 대표적인 사건들의 유형을 정리해 보기로 한다. 이미 승인된 권리를 실현하는 경우와 새롭게 권리를 창설하는 경우, 그리고 그 권리의 성격이 제1세대 인권인 자유권(시민권)의 영역에 속하는 경우와 제2세대 인권인 사회권(생존권) 영역에 속하는 경우로 나누어 볼 수 있다.

여기서, 예컨대 양심의 자유는 원래 존재했던 권리이지만, 병역의무의 강행이 양심의 자유를 현저히 침해한다는 인식은 일반화되지 않았었다. 수형자의 인권은 일찍이 18세기 계몽주의자들도 이야기해

인권의 실정화 / 인권의 종류	권리의 실현	새로운 권리의 발견
자유권(시민권) 영역	A ⓐ 백화점세일사기소송 ⓑ 양심적 병역거부 위헌소송 ⓒ 교도소도서반입거부 취소소송	B ⓓ 담배소송
사회권(생존권) 영역	C ⓔ 소음소송 ⓕ 새만금간척사업 미래세대 소송	D ⓖ 망원동수재사건소송

왔었으나, 교도소 수감자들은 자신이 읽고 싶은 책을 읽을 권리를 실현하기 위해 법적으로 행동한다는 생각은 하지 못했을 것이다. 소음 역시 이웃 간의 분쟁대상이나 집값이 떨어지는 데에 대한 불평거리는 될 수 있었어도, 일반적인 인식에서 볼 때 소송거리는 되지 못했었다.

(2) 인권운동

이처럼 공익소송은 이제껏 인식되지 못하였던 혹은 저평가되었던 권리를 호소하기 위한 도구로서의 가능성을 지닌다. 거기서 이끌어내어진 새로운 판결이 '규범적 의미에 대한 사회적 설득과 합의의 산물'이라 전제한다면, 공익소송운동은 소송이라는 도구를 갖고 인권담론에 참여하는, 하나의 '강력한 실천'이 될 것이다.

흥미롭게도 공익소송은 특히 탈식민지화된 제3세계, 특히 남아시아에서 인권실현을 위한 요긴한 기제로 사용되어 왔다.[7] 2차 세계대전 이후 (특히) 영국으로부터 독립을 획득한 국가들은 자유방임원칙과 의회주권의 우위에 기초한 영국 보통법 체제를 계수하였다. 그러나 가난과 경제적 후진성, 인습에 의한(혹은, -을 위한) 갈등에 직면해 있던 이들 사회에서 이러한 체제는 이상적이긴 해도, 현실적으로 인권실현에 있어 그다지 생산적이지 못하였다. 특히 '법적 침해를 받은 자만이 주체로서 행위할 수 있으며, 제3자가 이를 대신할 수 없다'는 의미로 해석될 수 있는, 인정된 입장(locus standi)의 원칙이 그러하다.[8] 따라서 '사회적으로 의식 있는'(socially conscious) 개인 혹은 자발

---

7) 이에 대한 자세한 논의는 S. Hossain(편저), *Public Interest Litigation in South Asia*, The University Press Limited, 1997 참조.

8) J. Desai, "The Jurisprudential Basis of Public Interest Litigation," S.

적 단체가, 권리가 부인되거나 억압받을 때에도 개인적으로든 집단적으로든 사법권에 접근하기가 용이하지 않은 당사자를 대신해, 법적 주체로서 행위할 수 있도록 하는 움직임이 확산되었다. 인도 등에서는 이미 공익단체에 의해서 제기되고 승소한 사례들이 축적되는 과정에 있다.9) 이들 사회에서 공익소송은 기본권적 인권을 실현한다는 측면에서 인권실현이지만, 그러한 '계수된' 법제상의 권리를 새롭게 해석하고 생명력을 부여한다는 점에서는 새로운 권리화이기도 한 것이다.

4. 인권생성과 공익소송의 정치화

그런데 문제는 공익소송이 제기되고 진행되는 일련의 과정이 그러한 '사회적 설득과 합의의 산물'이라 보기 어려운 경우들이 존재한다는 점이다.

(1) 기획된 인권의 한계

공익법운동의 대상이 되는 집단은 소비자나 도시빈민, 교도소 수감자와 같이 비조직화된 정치적 · 사회적 소수자이고, 공익소송은 대개 시민단체들에 의해 '기획'된다. 즉 사회적으로 가시화된 요구를 받아 끌어안는 게 아니라, 요구 자체를 능동적으로 찾아내며, '조직

Hossain(편저), *Public Interest Litigation in South Asia*, The University Press Limited, 1997, 20쪽.

9) J. Desai, "The Jurisprudential Basis of Public Interest Litigation," S. Hossain(편저), *Public Interest Litigation in South Asia*, The University Press Limited, 1997, 21쪽.

화'한다. 물론 시민단체가 새로운 이익이나 또 다른 합헌적 가치를 공익소송을 통해 발견하여 운동의 지표로 삼는 경우도 있고,[10] 더 나아가 소송을 통해 문제의식이 결집되어 새로운 시민운동단체가 생성되기도 하는 것이 사실이다.[11] 여기서 자신의 이익을 침해받았다고 생각하는 사람에게 스스로의 고통이 부당한 것이라고 주장하거나 요구하는 과정이 선재했다고 보기 어렵다. 또한 한쪽이 '소수자의 인권실현'이라는 강력한 도덕적 논거를 갖고 있다면 '서로 말함으로써 각자의 주장을 수정하고 변화시키는 과정'이 동등하게 이루어진다고 쉽게 가정할 수도 없는 것이다.

더 나아가 집단적 사익이 공익소송이라는 우산 아래서 모조리 인권의 옷을 덧입을 때, 인권개념이 갖는 상징성과 선언적 의미가 희석될 위험이 있다. 새로운 인권실현이라는 '미사여구'를 앞에 내세워 공익소송의 범위를 지나치게 확장시킨다면 인권은 단지 언어적 '수사' 차원에 머물고 만다. 이는 '새로운 권리화'가 법적 안정성이라는 '신뢰'를 깰 가능성을 반대쪽으로 늘 갖고 있다는 점에서 특히 신중해야 한다.[12]

---

10) A. O. Hirschman, *Shifting Involvements—Private Interest and Public Action*, Princeton University Press, 2002, 81쪽.

11) 이를테면 미국의 환경(소송관련)변호재단(Environmental Defense Fund)은 소송이 진행되는 과정에서 거기에 참여한 공익변호사들이나 문제의식을 공유하는 사람들에 의해 새롭게 발족하였다. 이에 대해서는 N. Aron, *Liberty and Justice for All*, West view Press, 1989, 87쪽 참조.

12) P. Aufderheide, *Communications Policy and the Public Interest,* Guilford, 1999, 239쪽.

(2) 주관적 가치판단의 위험

한편 '새로운 권리화'가 아닌 '권리의 실현' 차원에서는, 공익소송을 표방한 사건들에서 침해된 이익의 특성이 새로운 소송제도의 필요성을 근거짓는 것인지 의문스럽다. 공익소송의 대상이 되는 권리의 사법적 구제가 그 때까지 그다지 실효성이 없었다는 특성을 제외하고 본다면 더욱 그러하다. 예컨대 흡연으로 인한 피해와 다수 환자의 병원감염[13] 사건 사이에 어떤 차이가 있는지, 즉 후자에 대해 전자가 공익성의 개념표지를 충족시킨다고 말할 수 있는 근거가 무엇인지, 사건 자체의 특성에서 찾기는 매우 어렵다.[14] 결국 여기에는 흡연피해가 공익적으로 다룰 만한 무게가 있는 사안인 반면, 병원감염은 그 정도의 중대성을 갖지 못한다는 가치판단이 개입한다. 그러한 가치판단의 주체가 일부 시민단체나 이익집단에 국한된다면, 이 역시 정치화될 위험이 다분하다.

13) 병원감염이란 입원 당시에 없었던 혹은 잠복하고 있지 않던 감염이 입원 기간 중, 혹은 외과수술환자의 경우 퇴원 후 30일 이내에 발생하는 것을 말한다.

14) 실제 최근 집단감염된 환자 10여 명 중 2명이 숨진 사고에 대해, 환자 및 유가족들이 국가와 병원을 상대로 집단 손해배상 청구소송을 제기한 사안도 발생하였다(동아일보 2002.5.16자). "병원감염은 이 병원뿐 아니라 의료계 전체의 문제인데도 국가에서 방관하고 있다. 이번 소송을 계기로 국가와 의료계가 이 문제의 심각성에 대해 인식하기 바란다"는 소송대리인인 변호사의 주장도 "국민의 건강을 해치는 담배를 지금과 같이 무책임하게 판매하게 하는 국가정책이 바람직하지 않음을 일깨우기 위해"라는 담배소송제기목적과, 적어도 사건상으로 큰 차이는 없어 보인다.

II. 확산이익의 보호

공익소송이라 불리고, 또 그렇게 부르는 사건의 두 번째 구조적인 특징으로 확산이익을 들 수 있다.

1. 확산이익의 의의

(1) 잘게 쪼개져 흩어진 권리들

실정화되었건 안 되었건 어떤 정의의 관점에서 볼 때 보호되어야 할 권리가 침해되었지만, 그 이익이 잘게 쪼개져 흩어져 있기(diffused and fragmented) 때문에 권리자들이 피해를 그냥 감수하고 권리관철을 위한 행동을 하지 못하는 사건들이 있다. 예를 들어 분유통에 표시된 용량과 실제용량 사이에 차이가 있는 경우, 개개인의 소비자에게 발생하는 손해는 매우 미미하다. 하지만 그 미미한 손해들이 모두 합쳐지면 기업은 꽤 큰 부당이익을 얻을 수 있다. 백화점세일사기사건에서도 마찬가지이다. 개별 소비자들은 단지 거짓세일에 현혹되어 소비행동의 냉철한 합리성을 상실하는 손해를 입었을 뿐이나, 그런 손해가 모두 모여 백화점은 꽤 큰 부당이익을 얻게 된다. 망원동 수재사건 역시, 개별주민의 피해는 그렇게 큰 것이 아니어서 개인소송을 추진하는 에너지가 약했던 반면, 그 피해주민의 수는 상당한 규모(약 2300여 가구)여서 국가의 배상은 그만한 규모로 이루어졌어야 할 사건이었다.

(2) 흩어져 잘게 쪼개져 보이는 권리들

하지만 '흩어져 있는' 권리라는 것이 이와 같이 '잘게 쪼개져 있는' 경우에만 국한되는 건 아니라는 견해도 존재한다. 가령 여성의 권리, 아동의 권리, 장애인의 권리, 내부고발자의 권리와 같은 약자의 권리는 '잘게 쪼개져 있'지는 않다. 그럼에도 이들 권리를 관철하는 소송을 공익소송이라 부르곤 한다. 그와 같이 부른다면 확산이익의 개념은 변형된다. 침해된 권리가 사회적 강자의 권리가 아니기 때문에 그 권리의 크기는 상대적으로 작다고 말하기 쉽다. 이렇게 작게 보이는 이유는 그런 권리를 관철하는 힘이 강력한 사회적 힘을 발휘할 수 있도록 사회적으로 뭉쳐 있지 못한 데서 비롯된다.[15] 그러니까 권리관철의 사회적 힘이 흩어져 있어 그 권리가 상대적으로 작게 보이는 것이다. 이런 경우까지 확산이익을 인정하게 되면 확산이익은 이익 자체가 쪼개지고 사회적으로 흩어진 경우만이 아니라 그 이익을 관철하는 사회적 힘이 흩어지고, 바로 그래서 얼핏 그 크기가 작게 보이는 이익을 포괄하는 개념으로 재구성된다. 권리와 권리의 관철력이 내적으로 연결된 것이라면 권리의 관철력이 약한 것은 곧 권리가 잘게 쪼개져 관철이 되지 않는 경우와 같게 취급될 필요성을 인정할 수 있게 한다. 그런데 그런 경우까지 공익소송의 적용대상으로 보면 소송의 정치화 위험은 더욱 커지게 된다.

15) 황승흠, 「우리나라 공익소송의 현황과 과제」, 『민주사회를 위한 변론』, 1999년 1월(통권 제26호), 2~3쪽.

2. 개인소송의 한계와 확산이익

하지만 이러한 두 유형에서 공익소송을 인정할 것인지는 앞으로 계속 검토되어야 할 과제이다. 일단은 좁은 의미의 공익소송을 중점에 놓고 보면, 만일 공익소송이 수행되면 적은 피해를 입은 많은 사람이 권리를 구제받을 수 있게 된다. 바로 그 점에서, 확산이익 개념은 개인(혹은 공동)소송으로는 실현될 수 없다는 점, 즉 개인 소송제도의 한계를 드러내 보여준다. 공익소송은 법적 보호가 '현실적으로' 적절히 이루어지지 않은 권리들에 대해 '권리선언'을 넘어서 권리를 '실현'할 수 있게끔 해준다.[16] 그러나 이러한 권리구제의 필요성이 개인소송이나 공동소송(민사소송법 제65조 이하), 선정당사자제도(민사소송법 제53조)를 넘어서 집단소송(예: 증권관련집단소송[17]) 그리고 더 나아가 고유한 소송형태를 가진 공익소송의 도입까지 요구하는 것인지는 사건 자체의 특성만으로는 아직 분명하지 않다.

가령 망원동 수재사건(ⓖ)의 예는 기존 소송제도의 한계를 어느 정도 드러내 보여 준다. 이 사건은 애초에 선정당사자소송으로 소를 제기하려고 했었다. 그러나 이를 위해서는 선정자 각각으로부터 '선정'을 받아야 한다는 어려움이 있었고, 그리하여 개인적으로 변호사에게 소송을 위임하여 소를 제기하기로 계획을 변경하였다. 그러나

16) 황승흠, 「우리나라 공익소송의 현황과 과제」, 조영래 변호사 8주기 추모 심포지엄 <공익소송의 어제와 오늘> 발표문, 1998.12.12, 4쪽 아래.

17) 현재 우리나라에서 집단소송제도가 법제화되어 있는 영역은 증권거래법 영역이 유일하다. 증권거래법 영역에 있어서의 집단소송을 규정한 「증권관련 집단소송법」이 2004년 1월 20일에 제정되어, 2005년 1월 1일부터 시행되고 있다.

이처럼 개별 피해가구가 개인적으로 변호사에게 소송을 위임함에 따라 피해가구마다 증인을 필요로 하는 등 소송 수행상의 어려움이 발생하게 되었다.

물론 이러한 문제점은 기존 소송제도의 한계를 드러내 줄 뿐, 위에서 말한 집단소송 그리고 더 나아가 고유한 소송형태를 가진 공익소송의 도입까지는 직접적으로 근거짓지 못한다. 이 문제는 뒤에서 공익소송의 모델을 다루며 다시 구체적으로 논의하도록 한다.

3. 확산이익의 법개념화와 시민성관련성

또한 독자적인 공익소송제도의 필요성을 인정한다고 해도 독자적인 소송제도를 요구하는 확산이익의 개념을 어떻게 세밀화할 수 있는지는 매우 어려운 문제이다. 이 문제를 균형 있게 개관하기 위해서는 확산이익의 개념을 '피해집단규모'(수)와 '개별피해(손해)규모'라는 두 유형의 상대크기를 기준으로 유형화할 필요가 있다.[18)]

	유형 ① (예: 담배소송)	유형 ② (예: 백화점 사기세일소송)	유형 ③ (예: 양병거 위헌소송)	유형 ④ (예: 교도소 도서반입금지소송)
피해집단규모	大	大	小	小
개별피해규모	大	小	大	小

18) 물론 이 표에서 내가 들은 예들은, 관점에 따라서는 다른 유형에 배열될 수도 있을 것이다.

이 유형화는 평가등급을 <대-소>에서 이를테면 <대-중-소>로 더 잘게 하면 더욱 세분화된다. 하지만 그런 세분화는 어떤 지점에 선가 가치평가의 한계에 부딪힐 수밖에 없다. 그러므로 더 중요한 것은 어떤 계량적 수치에 의해 몇 등급으로 분류하느냐보다는 공익소송이라는 새로운 소송제도의 필요성을 근거짓는 사안의 특성이 무엇인지를 밝히는 일이다. 그런 특성으로 두 가지를 생각할 수 있다.

(1) 큰 피해집단—작은 개별피해

첫째, 확산이익은 기존의 소송제도(개인, 공동, 선정당사자)로는 권익보호가 불충분할 수밖에 없는 구조적 특징을 갖는 사안을 의미한다. 먼저 개별피해규모가 크면(유형①,③) 소송의 유인과 소송수행의 에너지가 커지므로 공익소송의 확산이익 표지를 충족하지 못한다고 보아야 한다. 한편 개별피해규모가 작더라도 피해집단규모가 작으면(유형④) 역시 공익성을 유지하기 어렵다. 그러므로 확산이익 표지는 공익소송의 구성요건으로서 피해집단규모는 크고, 개별피해규모는 작은 유형(유형②)에만 의미 있게 구축될 수 있다. 이런 요건설정을 통한 공익소송의 제한은 공익소송이라는 이름 아래 기존의 소송제도에서도 처리가능한 사건들을 사법의 해결기제에서 빼내와 '정치화'해 버릴 위험이 공익소송제도에 터잡게 되는 것을 차단해 준다.

(2) 시민성요청

하지만 어떤 사건이 그런 유형(②)에 속하는지는 매우 가변적이다. 만일 양심에 따른 병역거부자가 현재 연 수백명의 수준에서 수천명의 수준으로 늘어난다고 가정하자. 이렇게 되면 양심적 병역거부자의 처벌에 따른 인권침해의 피해자 집단은 그만큼 규모가 커지는 셈이

된다. 반면에 그런 증가는 어떤 논의를 거쳐서든 양심적 병역거부자가 소수자로서 받는 사회적 편견과 억압을 점점 더 작게 만들 것이다. 다시 말해 양심적 병역거부자의 증가는 피해자 집단의 규모는 크게 하는 반면, 개별 병역거부자가 받는 ―현실적 또는 정신적― 인권침해, 즉 개별피해규모는 상대적으로 점점 더 작은 것으로 재평가하게 한다. 이렇게 되면 언젠가는 <큰 피해집단 ― 작은 개별피해>라는 확산이익의 표지를 충족할 수 있게 될 것이다.

다만 그런 경우에도 피해집단 규모의 증가가 단지 여호와 증인의 양적 증가에 기인한 것이라면 그 동일한 집단의 피해구제를 위해 공익소송이라는 제도를 창설하는 것이 합리적인지는 매우 의문이다. 특정 교리 수준의 종교적 관점을 관철하는 기획을 두고 공익이라고 보는 데 의문을 던질 사람들이 많을 것이기 때문이다. 여기서 확산이익이 공익소송이라는 새로운 소송제도의 창설적 요인이 될 수 있으려면 또 다른 개념의 내포를 확보해야 함을 알 수 있다. 그 내포는 작은 개별피해의 총합이 이루는 큰 피해집단이 특정 신분(직업)에 폐쇄되지 않고, 지역적으로 편중되지 않으며, 아울러 계층적으로 분파되지 않은 주체들의 집합이어야 한다는 요청이다. 이 요청은 시민불복종운동에 요구되는 시민성 요청[19]과도 유사한 요건이다. 확산이익은 이 요건을 동시에 충족할 때에만 공익소송을 구성하는 표지가 될 수 있다. 또한 이런 요청은 공익소송이 인권운동, 시민불복종운동과 함께 민주적 법치국가의 기능적 한계를 시민사회의 공론을 활성화함

19) 이에 관해 자세히는 이상돈, 「시민불복종운동 ― 논쟁, 이론, 개념, 법제화」, 한국법철학회 편, 『법치국가와 시민불복종』, 2001, 114쪽 아래, 특히 116쪽 참조.

으로써 메우는 법형성 기제라는 점에서 외면할 수 없는 것이기도 하다.

III. 소송주체의 공익성

어떤 소송이 공익소송이 되려면 그것을 수행할 수 있는 주체가 그 조직이나 업무 수행방식 등에 있어 공익의 실현에 지향되어 있어야 한다. 그러나 어떤 단체나 조직이 공익적이냐는 매우 판단하기 어렵다.

1. 공익성으로서 시민성

그렇기에 어떤 단체나 조직의 공익성을 최종적이며, 적극적으로 규정짓는 것은 거의 어려울 것이다. 물론 공익소송을 수행하는 주체는 많은 경우 고객의 요구를 기다려서 수동적으로 소송에 임하는 것이 아니라, 요구 자체를 능동적으로 찾아내며 또 조직화한다.[20] 그러나 이미 정비되고 조직화된 특정한 이익에 대항하여 아직 비조직화된 이익을 옹호한다는 의의는 인정되지만, 이 때 그 능동적 조직화가 모든 경우에 '공익'인 것은 아니다. 앞서 인권생성기능에서 지적했듯

20) 황승흠, 「우리나라 공익소송의 현황과 과제」, 조영래 변호사 8주기 추모 심포지엄 <공익소송의 어제와 오늘> 발표문, 1998.12.12, 5쪽.

이, 공익소송의 수행주체가 공익성을 결정하는 권력(Definitonsmacht, definition power)을 장악한다는 점을 고려할 때, 더욱 그러하다.

그러나 적어도 확산이익의 논의에서 설명했던 바와 같은 시민성요청을 충족하지 못하는 조직이라면 공익소송을 수행할 적격이 있다고 보기 어렵다. 즉 시민성요청은 조직의 공익성을 판단하는 잠정적이며, 소극적인 요건이 된다고 할 수 있다. 바꿔 말해 공익성의 요청은 시민성의 요청으로 전환된다. 여기서 시민성의 요청은 공익소송을 수행하는 주체가 자발적이며, 다수 개인들의 공통된 정의관점에 기초하여 조직화된 행동을 하는, 그리고 시민사회에 속하는 기구이어야 함을 의미한다.

만일 시민성마저 갖추지 못한 조직이 그들이 수행하는 소송을 공익소송이라고 부를 수 있는 결정력을 갖는다면 공익소송은 단지 그 조직의 정치적 기획을 좇는 수단으로 변질될 것이기 때문이다.[21)]

공익소송이 인권운동 및 시민불복종과 더불어 인권의 삼륜마차를 형성하는 측면을 앞서 다룬 바 있다. 그렇기에 공익소송 역시 소송주체가 '시민성'을 승인받을 만한 적격성을 보유할 것이 요구된다. 여기서 '시민'이란 단순히 사적 개인이 아니라, 제도화된 입법절차가 수행하는 의사형성의 결함을 인식하고 이를 공론의 장에서 대화적 의사형성으로 메우려는 국가시민의식을 지닌 개인 혹은 단체를 의미

---

21) 그렇기에 예컨대 독일의 경우는 부정경쟁방지법이나 부작위소송법 등에서 당사자적격을 인정받은 단체 외의 단체가 당사자적격을 가지기 위해서는 엄격한 요건을 충족하도록 하고 있다. 이에 대해서는 김성찬, 「독일환경법상 단체소송의 최근 동향」, 토지공법연구 제18집, 2003, 337쪽 아래 참조.

한다.[22] 특히 공익소송은 개인이 소송의 주체가 되는 일반소송과 달리 단체나 조직이 주체가 되기 때문에, 그 집단이 일정한 시민성요청에 부합하는지에 대한 판단이 선재되어야 한다.

2. 시민성의 일반적 기준

(1) 시민성의 구조요소

공익소송을 수행할 수 있는 적격성 요건으로서 다음과 같이 시민성을 판단하는 몇 가지 일반적인 기준들을 생각할 수 있다.

1) 재정에서의 독립성 어떤 단체든 간에 시민성의 원천은 그 조직의 활동에 기반이 되는 재정이 국가(행정, 정치)로부터 또는 산업(경제, 시장)으로부터 나온 것이 아니라, 수많은 시민들이 그 조직의 시민운동 모습을 보고 자발적으로 내는 작은 기부금들에 의해 마련되어야 한다. 관료나 산업세력에 의해서 권력적으로 혹은 금전적으로 행위가 조종되는 관변단체들이나 산업주변단체[23]들은 주체로서의 적격성을 가지지 못한다. 더 나아가 정부로부터 용역을 수주하여 조달하는 자본도 그 단체의 수입원에서 일정비율 이상을 차지한다면 마찬가지로 공익소송주체로서의 적격성을 부인해야 한다.

2) 비권력성 이와 함께, 조직의 핵심 구성원들이 관료가 되거

---

22) 이상돈, 「시민불복종운동」, 『법철학』, 법문사, 2003, 276쪽.

23) 이를테면 전경련이나 경총, 중소기업연합회 등이 여기에 속한다고 하겠다.

나 정치인이 되는 권력과의 유착이 없어야 한다.[24] 공익소송을 수행하는 단체가 관료나 정치인을 양성하는 예비학교의 기능을 수행한다면, 거시적으로는 그런 단체와 관변단체를 구분짓기가 어려워지기 때문이다.

3) **조직성** 또한 공익소송의 주체가 되는 단체는 다수의 개인들의 의견을 수렴하여 정의관념을 형성하고, 또 그 관념에 기초하여 행동할 수 있는 조직화능력을 갖고 있어야 한다. 비록 모든 사안에 대한 공통된 확신을 가질 것까지 요구할 수는 없지만, 최소한 소송을 기획하는 사안, 이를테면 소음문제라든가 도시빈민 문제 등에 대해 다양한 관점을 수렴할 수 있는 조직적 역량을 갖고 있어야 한다.

4) **이질적 구성** 하지만 이 같은 조직성은 집단구성원의 이해관계적 동질성을 의미하는 건 아니다. 오히려 소를 제기한 이익집단과 '공익'소송의 주체를 가르는 기준은 집단구성의 '이질성'이라 할 수 있다. 즉 신분적으로 혹은 직업적으로 폐쇄되지 않고, 지역적으로도 편중되지 않으며, 계층적으로 분파되지 않은 주체들의 경합일 필요가 있다.[25]

(2) 일본의 시민옴부즈만

공익소송의 소송주체는 앞서 말한 바와 같이 자발적이며, 다수 개인들의 수렴가능한 정의관념에 기초하여 조직화된 행동을 하는 시민사회에 속한 기구이어야 한다. 이에 비교적 매우 근접한 예로 일본

24) 이상돈, 『법철학』, 법문사, 2002, 277쪽.

25) 이상돈, 『법철학』, 법문사, 2002, 277쪽.

의 전국 시민옴부즈만(ombudsman)[26] 연락회의를 들 수 있다. 국가 및 지방공공단체 등에 관련된 부정, 부당한 행위를 감시하고 이것을 시정하는 것을 목적으로 하여 1994년 결성된 단체로, 1980년 변호사들이 주축이 되어 처음으로 "시민옴부즈만"이라는 개념이 확산되어 지금에 이르렀다. 스탭들은 모두 자원봉사자로 구성되어 있으며, 전국적으로는 84개의 시민옴부즈만 단체가 있다. 중요한 점은 전국시민옴부즈만 연락회의는 정부의 지원 없이 시민으로부터 재정지원을 받고 있다는 사실이다.[27] 그러나 이들은 정부에 관한 소송[28]만을 제기한다는 점에서 소송주체의 공익성을 보여주는 대표적인 예라 하기에는 한계가 있다.[29]

[일본의 NGO와 NPO] 이외에 일본에는 NGO(Non Govermental Organization)와 법인으로 인정되는 NPO(Non Profit Organization; 특정비영리활동법인)를 공익소송의 주체로 들 수 있는데, 최근 일본의 NGO가 핵무기반대, 국제원조 등 국제적 관심에 치중되어 있는 경향을 보이는 데 반해, NPO는 좀더 지역에 기반하여, 계속적,

---

26) 원래 옴부즈만은 스웨덴어로서 '대리인'을 의미한다. 원래 대리인으로서 행정기관에 대한 고충처리나 행정활동의 감시, 고발을 행하는 직무를 하는 사람을 옴부즈만이라고 하였다. 이와 같이 옴부즈만은 공적인 것이지만, 일본의 "시민옴부즈만"은 그 차원을 달리하여야 할 것이다.

27) http://www.ombudsman.jp/

28) 정부에 관한 소송 중 개인의 구체적 권리이익을 보호하기 위한 것이 아니라, 지역주민 전체의 이익을 위한 소송으로 주민소송이 있다. 이는 지방자치법 제242조의 2에 규정되어 있는데. 지방공공단체의 주민이 지방공공단체의 재무행정의 적절한 운영을 확보하기 위해 그 기관 또는 직원에 대한 위법한 재무회계상의 행위 등을 방지, 시정 또는 손해를 회복하기 위해 제기하는 소송이다. 伴義聖・大塚康男, 『実務 住民訴訟』, ぎょうせい, 2003, 1-14쪽.

29) http://www.npo-jp.net/gaiyou/gaiyo.htm, http://www.npo-homepage.go.jp/.

자발적으로 사회공헌활동을 행하는 영리를 목적으로 하지 않는 단체로서 활동하고 있다. 그러나 현재 내각부 국민생활국 시민활동촉진과가 NPO의 전체적 체계를 관리, 감독하고 있는 실정이어서 앞서 말한 시민성의 일반적 기준을 충족하고 있지는 못하다. 이러한 NPO의 요건으로는 첫째, 이윤을 분배하지 않을 것(non profit distributing), 둘째, 비정부조직일 것(nongovernmental), 셋째, 조직으로서 체제를 갖추고 있을 것(formal), 넷째 자기통치(self-governing)를 하고 있을 것, 다섯째 자발성 요소(voluntary)가 요구된다.

3. 공익소송의 독자성 구성

공익소송을 제기하고 수행하는 단체들이 시민성 요건을 충족하지 못한다면 공익소송의 독자성은 인정되기가 어렵다.

(1) 구성적 요소로서 공익성과 시민성

공익소송이라 이름 붙여진 소송형태는, 피해자 당사자만이 소를 제기할 수 있다는 근대적 소송관의 전제에 수정을 요구하는 것이니만큼, 전통적 권리개념의 확장을 가져올 만한 정당성이 입증되어야 한다. 이를테면 미국의 집단소송(class action)의 대표자에게 요구되는 적절성(adequacy)[30]의 수준으로는 '집단소송보다 더 근대적 소송원리를 파괴하는'(예: 제외신고를 하지 않는 한 소송을 제기하지 않은 피해자에게도 집단소송의 판결의 효력이 미치는 것)[31] 공익소송의 독자성을 근거짓기 어렵다. 특히 소송집단의 대내적 관계의 차원에서는 특정한

30) 이에 관해서 자세히는 아래 [4].II.1. 참조.

31) 이에 관해 자세히는 아래 [4].II.1. 참조.

집단이 원고를 모집하고, 단체에서 계획된 방향으로 소송을 이끄는 과정에서 목적에 부합하지 않는 대상자들이 소외되기 쉽고, 대외적 관계의 차원에서는 특정한 정책적 당파성을 띤 이념을 기획하고 실천하는 방편으로 전락하기 쉽기 때문이다. 그렇기 때문에 소송주체의 공익성요건 충족여부에 대한 끊임없는 내적 반성과 외적 감시가 요구되는 것이다.

그러므로 여기서 현재 소송을 기획·수행하는 주체들의 공익성 또는 시민성은 공익소송의 개념을 '구성'하는 요소라고 보아야 한다. 구성적 요소라고 함은 공익소송(모델)의 도입에 대한 역사적인 결정이 현재 공익소송을 표방하고, 기존의 소송제도를 이용하여 실질적으로 공익소송을 수행하는 주체들의 공익성이나 시민성에 대한 전반적인 평가의 결과에 따라 좌우될 수 있음을 말한다.

(2) 공익성(시민성) 평가의 딜레마

만일 소송주체가 되는 제3자의 공익성이나 시민성이 아직 충분히 확보되고 있지 않다면—심지어 개개의 변호사들이 사적 이익을 좇으면서 수행할 수 있는 것이라면—공익소송은 사건 자체의 고유한 특성, 즉 남다른 '인권형성적 기능'이나 '확산이익의 보호'를 위한 불가피한 수단이라는 점으로부터만 정의되어져야 한다. 하지만 앞서 보았듯이 확산이익의 불명확성이나 인권의 다의성과 다원주의적 불확실성을 고려해볼 때, 그 두 가지 특성만으로 공익소송의 독자성을 근거지을 수 없을 것이다. 그렇기 때문에 공익소송제도를 설립하려면 인권실현과 확산이익보호라는 요소 이외에 소송주체의 공익성과 시민성이 갖추어져야 하는 것이다. 그러나 지금까지 우리사회에서 공익소송을 표방하고 수행하는 주체들의 공익성이나 시민성이 전반적으로 볼 때 아직 미약한 수준이라면 집단소송제에 이미 구현되었거나 아직 구현되지 않은 근대적 소송원리의 수정 수준을 넘어서는 새로운 공익소송제도의 창설은 결국 시기상조라고 보아야 할 것이다.

물론 우리나라에서 공익소송을 표방하는 주체들의 공익성과 시민성이 어느 정도 수준에 와 있는지에 대한 평가는 매우 어렵다. 특히 우리 사회에서 시민운동을 주도해온 세력들의 정치성이나 권력지향성에 대한 평가가 논란이 되고 있는 현재의 시점에서 그와 같은 평가작업은 몹시 힘든 일이다. 또한 누가 그런 평가를 할 것인가 하는 점이 또 다른 근본적인 문제로 남아 있다. 공익소송의 주체로서 활동할 자격에 대한 평가심사를 시민사회, 이를테면 각종 시민단체연합회에 맡겨 놓을 경우 그 공정성에 대한 시비가 끊이지 않을 것이다. 그래서 독일의 단체소송(Verbandsklage)[32]에서 보듯 국가기관이 그 평가를 주관하는 방안을 강구하게 되기 쉽다. 하지만 시민성으로 해석될 수 있는 공익성이 바로 그 시민성과 대척점에 있는 국가와 공무원에 의해 판단된다면, 비판하는 대상으로부터 그 비판의 자격을 심사받는 아이러니가 발생한다. 국가기관 대신에 인권위원회에 의한 자격심사도 생각해 볼 수 있다. 하지만 우리나라에서는 인권위원회가 시민사회에 위치하지 않고 국가영역에 위치함으로써 권력화되고 있다는 비판이 높기 때문에 그 또한 최종적인 해결점은 되지 못할 것이다.

32) 이에 관해 자세히는 아래 [4].III. 참조.

[4] 공익소송의 제도모델

공익소송을 구성하는 요소(인권실현, 확산이익의 보호, 소송주체의 공익성)들의 실현가능성에 대한 평가는 이미 기존의 소송제도와는 다른 소송모델로서 공익소송의 설립을 좌우하는 요소가 된다. 반면 그런 평가는 거꾸로 그 평가결과에 따라 설립이 정당화되는 공익소송이 기존의 소송제도와 얼마나 다르게 구성되느냐, 특히 근대적인 소송원리를 얼마나 많이 변형시키도록 구성되느냐에 따라 달라질 수 있다. 그렇기 때문에 공익소송을 구성하는 요소들에 대한 전반적인 평가와는 별도로 또는 그런 평가를 불명확한 상태로 놓아둔 채, 공익소송을 단지 상징의 차원이 아니라 제도의 차원에서 도입할 경우 구체적으로 어떤 소송제도 속에 담아낼 것인지를 논의하여야 한다.

I. 공익소송의 전형태

공익소송은 대개 환경소송이나 소액주주소송 혹은 소비자권리 침해소송 등 다수의 시민들이 관련되어 있는 양상을 띠게 된다. '집단소송' 제도가 거론되기 이전까지, '공익소송'으로 인정된 사건들은 주로 현행 민사소송법상의 공동소송제도(민사소송법 제65조 이하)나 선정당사자제도(제53조)를 이용해 왔다. 이 제도들은 공익소송의 전형태(Vorform)라고 할 수 있다.

1. 공동소송제도

공익소송을 수행할 수 있는 가장 원시적인 소송형태는 공동소송제(민사소송법 제65조 이하)라고 할 수 있다.

(1) 공익소송화 가능성

공동소송은 피해자 전원이 당사자가 되어 소송을 수행하는 방법을 취한다. 공동소송은 각 공동소송인들 사이의 청구가 유사성을 갖고 있어서 동일한 소송절차에 병합하여 심판을 하게 한다. 이로써 심리의 중복을 피할 수 있고, 당사자와 법원은 소송비용을 절감할 수 있으며, 공통된 내용으로 분쟁을 해결할 수 있게 된다.[1)] 공동소송에는 처음부터 다수의 원고에 의해, 혹은 다수의 피고에 대해 공동으로 소송을 제기한(이른바 '원칙적 발생원인'의) 예도 있겠지만, 소송계속이 발생한 뒤 후발적으로 발생하는 상황도 존재할 수 있다. 예컨대 공동소송인이 추가된 경우나 당사자의 사망으로 인해 소송의 목적인 권리관계를 여러 사람이 공동상속한 경우 등이 그

1) H. Richard Beresford, *Neurology and the Law: Private Litigation and Public Policy,* Contemporary Neurology Series, 1998, 13~14쪽.

것이다.[2] 또한 공동소송은 공동소송인 사이에서 판결의 결과가 동일할 것(합일확정)이 필수적인지의 여부에 따라 통상공동소송과 필수적 공동소송이 구분되기도 한다.

어떤 경우이든 만일 피해자들이 — 서로 공평하게 부담을 짊어지지 않을 가능성 때문에 매우 어려운 일이지만 어쨌든 — 모두 함께 공동소송을 제기하면, 그것만으로도 그들이 침해받은 권익의 보호가 인권의 실현을 위한 것임을 강하게 호소할 수 있다. 피해자 모두가 소송수행의 부담을 짊어짐에도 불구하고 공동으로 소송을 제기한다는 것은 자신들의 피해가 정당한 권리의 침해임을 그만큼 '더 강하게 말하는' 것이라 할 수 있다. 바꿔 말해 말행위의 실행적 부분(performativer Teil des Sprechakts)에 강한 호소가 있고,[3] 그런 점에서 공동소송은 공익소송의 인권실현이라는 표지를 충족할 수 있다. 공동소송 형태의 공익소송은 소송주체들이 앙가주망의 강한 연대를 전제하며, 또한 그런 연대를 표현하기 쉽다.

[공동소송형태의 공익소송] 공동소송의 형태로 제기된 공익소송의 대표적인 사례는 ⓓ 담배소송의 첫 번째 소송이다. 피고들이 제조한 담배를 장기간 흡연함으로 인해 원고들에게 폐암이 발생한 것이고, 인과관계(흡연과 폐암 발병간의 인과관계)의 입증방법, 피고들의 과실, 위법성, 고의성 등에 대한 입증방법을 같이 하므로 민사소송법 제25조 소정의 "소송의 목적이 되는 권리나 의무가 공통

2) 이시윤, 『신민사소송법』, 박영사, 2002, 604쪽.

3) 인권은 권리의 타당성에 대한 주장의 강한 호소와 같은 말행위의 실행적 부분에 그 특징이 있을 뿐이라는 이상돈, 『인권법』, 2005, 122쪽 아래 참조.

되거나 사실상 또는 법률상 같은 원인에 기인한 경우"에 해당하므로 공동소송의 형태로 제기되었다.

(2) 공익소송으로서의 한계

하지만 현실에서는 공익소송이 공동소송의 형태로 전개되기가 어렵다. 그 이유는 무엇보다도 탐색비용의 부담에 있다. 각 피해자의 피해액이 소액이든 거액이든 관계없이 공동으로 제소하거나 응소하기 위해서는 피해자인 공동소송인 상호간에 피해자의 신원을 파악하는 비용, 즉 탐색비용을 부담해야 한다. 이 비용은 피해자 집단이 클수록 더 커진다. 탐색비용이 커질수록 피해자 중에서 소액피해자는 공동소송을 애당초 제기할 엄두를 내지 못하게 되는 반면, 다액피해자는 그러한 비용을 부담하면서까지 다른 공동소송인과 보조를 함께 할 필요를 느끼지 못한다. 그러므로 공동소송은 공익소송의 두 번째 요소인 확산이익의 실현, 특히 적은 피해, 큰 피해자집단이라는 요건을 충족하는 사안에 가동되기는 어려운 점이 있다.

또한 공동소송인들 간에 소송수행 부담의 공평성이 실현되기 어렵다는 점도 문제이다. 예컨대 소액피해자는 패소했을 때 상대방의 소송비용을 부담하는 데 있어서도 소극적인 태도, 즉 위험기피적인 태도를 취하기 쉬운 반면, 다액피해자는 적극적인 위험감수 태도를 취하기는 하더라도 자신이 투여한 노력과 비용에 소액피해자가 무임승차한다고 생각하기 쉽기에 소액피해자들과 함께 공동소송을 수행할 동기가 그만큼 엷어질 수밖에 없다.[4] 그럼에도 불구하고 공동소송을 수행하려면, 피해자 집단이 이념적으로 매우 '동질적인 집단'이어야

4) 이규호, 「증권관련 집단소송제도의 법적 · 경제적 분석」, 규제연구 제10권 제4호, 한국경제연구원, 2001, 71쪽 아래.

할 필요가 있게 된다. 그러나 소송주체의 동질성은 공익소송의 세 번째 요소인 소송주체의 공익성 요청, 특히 이질적 구성(신분적으로 혹은 직업적으로 폐쇄되지 않고, 지역적으로도 편중되지 않으며, 계층적으로 분파되지 않은 주체들의 경합)의 요청을 충족할 수 없게 한다.

요약하면 공동소송은 비교적 적은 규모의 피해자 집단과 비교적 균등한 피해, 모두가 강한 권리의식, 소송비용을 불공평한 비율일지라도 기꺼이 부담하려는 강한 연대의식이 있는 경우에 비로소 가동될 수 있는 소송형태이다. 그런 소송형태는 공익소송의 세 가지 요소 가운데 인권실현의 요청은 충족하지만 확산이익의 보호나 소송주체의 공익성 요청은 충족하기 어렵다.

2. 선정당사자제도

공동소송보다는 좀더 공익소송을 펼치기에 적합한 기존의 소송제도로 선정당사자제도(민사소송법 제53조)를 들 수 있다.

(1) 공익소송화 가능성

선정당사자제도는 공통의 이해관계가 있는 다수자가 그들 중 1인 또는 수인을 대표자인 선정당사자로 뽑아서, 그의 이름으로 소송을 수행하고 판결을 받으면 효력이 다수자 전원에게 미치도록 하는 제도이다. 이 제도는 공동소송인 각자가 선정당사자에게 '선임'이라는 선정자 전원을 위한 소송행위의 수권절차를 밟아야 한다.

또한 선정자들 각자가 소송비용을 부담하며, 선정당사자에게는 실비 이외의 금전적 보상은 금지되어 있다. 공동소송처럼 모두가 소송수행의 부담을 실질적으로 짊어지지 않아도 되므로 더욱 경제적이며 선정당사자에 대한 수권의 과정은 당사자들이 피해사실을 세상에 알리고, 한 목소리로 권리를 주장하는 의사소통적 행위로 이해될 수 있다.

[선정당사자에 대한 소송신탁] 일본의 경우 집단소송(class action)은 인정하지 않았지만,[5] 신민사소송법 제30조 제3항에서 계속 중인 소송의 원고 또는 피고와 "공동의 이익"을 갖는 제3자에게 스스로 당사자가 되지 않고, 원고 또는 피고를 선정당사자로 할 수 있게 함으로써, 남은 피해자가 선행하는 소송에 참가할 수 있는 길을 열어주어 판결의 효력을 미치게 함으로써 다수당사자 분쟁에 대응하고 있다. 이는 선정당사자제도를 유지하면서, 제소시에 소송에 참가하지 않은 자도 소송계속 중 기존의 선정당사자에게 소송신탁[6]

5) 소비자소송이나 단체소송 등 공공성이 강한 경우, 소송제기 전에 일정 지역에서 분쟁처리를 위해 상대방과 교섭하는 등 분쟁해결을 위한 행동을 한 자에게 '분쟁관리권'이 인정되는데, 이러한 분쟁관리권자에게 당사자 적격을 인정해야 한다는 분쟁관리권설이 일본에서 주장되었다. 그러나 판례는 豊前 화력발전소 건설금지청구사건에서 분쟁관리권설을 부정했다. 즉 분쟁관리권자는 임의적 소송담당도 아니고, 자기고유의 청구권도 아니며, 지역주민대표로서 환경권에 근거하여 금지청구소송을 수행한 것에 불과하여 당사자 적격이 없다고 판시하였다(最判 昭和 60년 12월 20일, 判例時報 1181호, 77쪽). 이후 분쟁관리권설은 주민의 수권을 통해 분쟁관리권자에게 당사자 적격을 인정하는 방향을 제시하였다. 이렇게 실체권의 귀속주체가 명확하지 않은 경우나 다수가 관여된 공공성이 강한 환경소송이나 소비자 소송 등에 있어서 단체의 분쟁처리주체로서 성격을 고려한다면, 이러한 종류의 소송에 관여된 단체의 당사자 능력을 긍정하고 단체의 멤버에 의한 소송수행권의 수권이 적극적으로 고려되어야 하지 않을까하는 주장이 일본에서 전개되고 있는 것이다. 上田徹一郎, 民事訴訟法, 2005, 235~237쪽 참조.

6) 우리나라의 경우 명문의 규정이 없는 한, '임의적 소송신탁' 즉 '임의적 소송담당'은 원칙적으로 허용되지 않는다는 것이 통설과 판례이다. 법률이

을 할 수 있도록 한 제도이다.[7]

일본의 예에서 보듯 선정당사자제도는 공익소송의 발전형태라고 할 수 있는 집단소송제의 기능을 수행할 수 있도록 운영될 가능성이 있다. 그런 점에서 공동소송보다는 더 많이, 하지만 집단소송제보다는 덜 공익소송을 펼칠 수 있는 소송형태가 된다. 이를테면 선정당사자의 선정과정 자체가 피해집단의 권리 또는 인권의식을 어느 정도까지는 통일적인 것으로 만드는 과정이 되어야 하고, 또 그래야만 그런 선정도 성공적으로 이루어질 수 있다. 이는 피해집단의 이익주장이 대외적으로 더욱 정돈된 권리 또는 인권의 주장으로 승화될 수 있을 때에야 비로소 선정당사자 소송으로 등장할 수 있음을 말해준다. 이 때 주관적인 (집단적인) 이익주장이 권리주장으로 정돈되는 과정은 피해자들의 피해, 바꿔 말하면 (권리보장차원에서의) 소외현상을 체계적으로 인지하고 얼마간 권리담론 속에서 극복해 가는 과정의 성격을 띨 수 있다. 인권이 소외현상의 극복이라는 차원에서 이해된다면[8] 선정당사자의 선정과정에는 인권의 형성과정이 얼마간 내재해 있다고 볼 수 있다.

명문으로 인정한 예로는 민사소송법 제53조의 선정당사자, 어음법 제18조의 추심위임배서의 피배서인, 금융기관의 연체대출금의 회수위임을 받은 한국자산관리공사가 있다. 만일 자신의 의사에 의해 제3자에게 자기의 권리에 대한 소송수행권을 수여하는 이러한 임의적 소송담당을 무제한 허용하게 된다면 민사소송법 제87조의 변호사대리 원칙과 신탁법 제7조의 소송신탁금지의 취지에 저촉될 염려가 있을 수 있기 때문에 제한적으로 허용하고 있는 것이다. 이시윤, 『신민사소송법』, 박영사, 2005, 131~132쪽 참조.

7) 유병현, 「증권관련집단소송법 제정안에 대한 검토」, 상사법연구 제20권 제4호, 2002, 126쪽.

8) 이에 관해 이상돈, 『인권법』, 2005, 165쪽(소외의 극복으로서 인권운동) 참조.

(2) 공익소송으로서의 한계

하지만 선정당사자 제도도 공익소송을 온전히 담아내기에는 많은 제약이 있다. 선정당사자를 정하는 과정에서 전개되는 권리화의 담론들은 기본적으로 피해자 그룹 내에서 전개되는 것이므로 공론영역에서 그 주장들의 타당성을 심사받는 공론경쟁의 과정과는 구별되고, 또한 그 대화의 과정 속에 내재되는 이성적 성격도 미약하다. 그렇기 때문에 선정당사자가 공익성이나 시민성을 구조적으로 갖추게 됨을 기대하기는 어렵고, 사적 이익의 대변인으로 머무르기 마련이다.

또한 확산이익의 측면에서도 선정당사자 제도가 공익소송이 되기에는 어려움이 있다. 공익성이나 시민성이 구조적으로 갖추어진 주체가 아닌 피해당사자에게 확산이익, 즉 '흩어져 있고 쪼개져 있는' 이익의 많은 주체들이 자신들의 주장을 권리화하는 기획을 떠맡기는 것, 즉 선정당사자로 선정하게 되기는 매우 어렵다. 선정의 과정에서 전개될 수 있는 권리담론은 매우 제한적이고, 따라서 많은 피해당사자들의 (선정)참여를 이끌어낼 수 있는 동기형성력도 매우 제한적일 것이기 때문이다. 망원동수재사건도 당초에는 선정당사자소송을 기획하였지만 포기된 것은 단지 일일이 선정을 받는 절차의 번거로움 그 자체 때문이 아니라 이처럼 선정당사자의 동기형성력이 그리 크기 어렵다는 점에서 비롯된 것일 수 있다.

물론 선정당사자가 되는 특정 피해당사자가 개인적으로 높은 공익지향적 인격을 가졌고, 또한 공인(public person)이라고 할 만큼 인지도가 있는 경우에는 예외적으로 확산이익의 피해자들을 선정절차에 끌어들이기가 쉬울 것이다. 그러나 이는 선정당사자 제도에 구조적으로 내재된 것이 아니다.

II. 공익소송의 발전

1. 집난소송과 공익소송

이상에서 기존의 소송법제도로는 공익소송을 수행하기가 여의치 않음을 알 수 있다. 그렇기 때문에 공익소송이 좀더 발전하려면 새로운 소송형태를 필요로 하게 된다. 그런 형태의 대표적인 예는—지금까지 이에 대한 이론적인 논의가 충분히 이루어지지 않고 있지만—아마도 집단소송제라고 할 수 있다.

(1) 집단소송의 공익소송화

실제로 많은 사람들이 공익소송이라 불리는 개별 소송들을 검토함에 있어, 현행 소송법의 틀 안에서는 소송수행이 어려움을 토로하면서 주로 집단소송(class action)[9]의 도입을 주장하고 있다.

> 예를 들면 군산 미공군기지 소음피해 소송[10]에서 원고인 지역주민들이 승소함으로써 군부대 비행장과 사격장 근처 주민들의 집단적인 손해배상소송이 잇따르고 있으나, 현실적 법제의 미비로 제대로 된 권리구제가 어려운 상태에 있다. 이런 경우에 참여연대와 같은 시민단체들은 공익소송에는 소송 양 당사자가 대등하다는 전제에 입각해 있는 현행 민사소송법과는 다른 접근방식, 즉 집단소송제도를 도입할 필요성이 있음을 주장하기도 한다.

9) 대표당사자소송이라고 불리기도 한다.
10) 서울지법 2004.1.27, 2002가합33132.

집단소송은 미국의 형평법(equity)에서 유래한 제도이다.[11] 형식적인 평등보다는 실질적인 평등을 실현하고자 하는 제도라는 점에서 병합이나 공동소송과 같이 다수당사자 소송과도 공통된 성격을 갖는다.[12] 그러나 확산이익의 많은 주체들 사이에서는 공동소송이나 선정당사자 소송으로 권리주장을 펼치기 어려운 복잡성이 존재한다. 당사자들의 이해관계가 다양하고 복잡하게 얽혀 있기 때문이다.[13] 그러나 확산이익이 인정되는 경우, 대개 피해의 원인이나 권리주장의 효율성 등의 차원에서는 피해자들을 하나의 소송집단(class)으로 묶을 수 있을 만큼의 공통성과 밀접성은 존재한다. 집단소송은 바로 그런 공통성과 밀접성을 바탕으로 그에 기초해 있는 집단을 대표하는 대표'당사자'가 나와서 소송을 수행하고, 이에 대하여 집단의 성원들 중에서 별도로 제외신고(opt-out)를 하지 않는 한 당연히 판결의 효력이 집단의 구성원 전체에 미치게 하는 제도라 할 수 있다.[14] 이는 민사소송법상의 기판력의 주관적 범위[15]를 확장하는 중대한 예외라

---

11) class action의 기원에 대해서는 class action과 비슷한 소송유형인 group litigation이 영국에서 비롯되었다는 점에 비중을 두어 class action이 영국의 group litigation 또는 bill of peace에서 유래하였다는 견해와 미국에서 독자적으로 형성되었다는 견해로 크게 나누어진다고 한다(차문호, 「미국 집단소송제도의 운영」, 외국사법연수논집[25](재판자료107집), 2005, 375쪽 참조). 앞의 견해가 다수의 견해이지만, 오늘날 영국보다는 미국에서 class action이 더 발달해 있다고 할 수 있고, 그렇기 때문에 아래에서는 미국의 집단소송제도인 class action을 중심으로 논의한다.

12) 함영주, 『집단소송에 관한 연구 —우리나라의 집단소송법 시안에 관하여—』, 고려대학교대학원 박사학위논문, 1997, 8~9쪽 참조.

13) 아래 [미국의 집단소송]에서 다수성(numerosity)의 요건을 참조.

14) 자세히는 함영주, 『집단소송에 관한 연구—우리나라의 집단소송법 시안에 관하여—』, 고려대학교대학원 박사학위논문, 1997, 11쪽 참조.

15) 민사소송법 제218조 제1항은 "확정판결은 당사자, 변론을 종결한 뒤의 승계인(변론 없이 한 판결의 경우에는 판결을 선고한 뒤의 승계인) 또는

고 할 수 있다.

[미국의 집단소송] 미국에서 발전한 집단소송[16]의 대표적인 모델은 미국 연방민사소송규칙(Federal Rule of Civil Procedure) 제23조에 근거한다. 현행 연방민사소송규칙 제23조는 (a)항과 (b)항에서 각각 class action의 소제기요건과 유지요건을 명시하고 있다.[17] 이 제도를 개관해 보면 그 요건들을 '다수성(numerosity)', '공통성(commonality)', '전형성(typicality)', '대표의 적절성(adequacy)'으로 표제화할 수 있다.

① 소제기의 요건 다수인들이 확인가능한 하나의 집단(identifiable class)을 구성하고, 대표당사자는 그 집단에 속한 구성원이어야 당사자적격이 인정되고, 단체의 구성원 수는 모두를 당사자로 삼아 병합심판(joinder)하는 것이 곤란할 정도의 다수이어야 하며,[18] 집단구성원 모두에게 사실상·법률상의 문제가 공통되어 있

그를 위하여 청구의 목적물을 소지한 사람에 대하여 효력이 미친다"고 하여 기판력의 주관적 범위를 정하고 있다.

16) 미국의 집단소송에 대한 심도 깊은 연구로는 함영주, 『집단소송에 관한 연구—우리나라의 집단소송법 시안에 관하여—』, 고려대학교대학원 박사학위논문, 1997, 14~58쪽; 차문호, 「미국 집단소송제도의 운영」, 외국사법연수논집[25](재판자료107집), 2005, 367~514쪽; 김홍엽, 「미국 class action의 법리와 실제」, 외국사법연수논집[25](재판자료58집), 1992, 703쪽 이하; 서철원, 『미국 민사소송법』, 2005, 231~256쪽; 정동윤, 「미국의 대표당사자소송」, 『집단소송의 법리』(법무부), 1991 참조.

17) Federal Rules of Civil Procedure 23(a) 참조. 여기에서는 "어느 집단의 하나 또는 그 이상의 구성원들은 만약 (1) 그 집단이 너무 많아서 모든 구성원들의 결합이 비현실적일 것, (2) 그 집단에 법률상 또는 사실상의 공통적인 쟁점이 있을 것, (3) 대표당사자의 공격, 방어방법이 집단의 전형적인 공격방어방법일 것, (4) 대표당사자가 집단의 이익을 공정하고 적절하게 방어할 것이라는 요건을 갖춘 경우, 전체를 위한 대표당사자로서 소를 제기하거나 소를 제기받을 수 있다"고 규정되어 있다.

18) 증권관련집단소송에서 이와 같은 다수성 요건(Numerosity Requirement)과 관련하여서 법원은 공개적으로 거래되는 주식은 보통 언제나 수천 명의 투

어야 한다. 또한 대표당사자의 청구는 집단구성원들의 청구와 비교하여 전형성을 띠는 청구이어야 한다. 마지막으로 소제기가 적법하려면 대표당사자가 대표로서의 적절성을 가져야 하는데, 이는 대표당사자의 이익이 집단의 이익과 상충되지는 않는지 그리고 대표자가 집단의 이익을 유능하게 대표할 수 있는지에 관한 문제이다.

② 유지요건 소송이 집단소송의 형태로 제기되면 법원은 '가능한 한 신속히' 이를 대표당사자소송으로 유지(維持)할 것인가의 여부(class action으로서의 유지가능성)를 명령으로 결정한다. 이를 인가(certification)라고 하며, 인가를 얻음으로써 대표당사자소송이 시작되며, 집단의 범위도 확정(definition)되고 또한 대표자도 특정될 뿐만 아니라 실체적 쟁점도 어느 정도 정해진다. 즉 연방민사소송규칙 제23조 (a)항의 조건을 만족시킨 집단소송은 (a)항을 계속 충족시키는 외에도 (b)항의 각 유형 중 하나를 만족시켜야 유지될 수 있다. 제23조에서 (b)(1)(침해방지집단소송 : anti-prejudice class action)과 (b)(2)(확인적 집단소송 : class action for injuntive or declaratory relif)는 모두 형평법상의 금지적, 확인적 구제를 구하는 사건인 반면, (b)(3)(손해배상집단소송 : damage class action)은 보통법상의 금전적 손해배상을 구하기 위한 소송이 압도적이다.[19)]

③ 손해의 산정 및 배상금의 분배 피해자에 대한 정확한 손해의 산정을 목표로 하는 전통적 손해배상이론과 달리 집단소송에서는 부당이득의 억제와 부당이득을 토해내게 하는 측면이 중시된다.

자자들이 이를 소유하고 있고 그러한 투자자들은 대개 지역적으로도 다양하게 분포되어 있기 때문에 통상 모든 집단구성원들이 각각 모이는 것이 어려울 정도로 많은 집단 구성원이 존재한다고 볼 수 있고, 그 결과 인원의 '다수성'과 공동소송의 '비현실성'이라는 요건이 모두 존재한다고 인정하는 것이 보통이다(Paul, Hastings, Janofsky & Walker, LLP, *SECURITIES LAW CLAIMS: A Practical Guide*, Oceana Publications, Inc., 2004, 159쪽 아래 참조).

19) 자세히는 차문호, 「미국 집단소송제도의 운영」 외국사법연수논집[25](재판자료107집), 2005, 400~401쪽 참조.

즉 개개인의 손해배상액을 산정하지 않고 집단전체의 손해를 산정하는 방법이 사용된다. 표본(標本)으로 산출한 손해액이나 평균손해액을 기준으로 집단전체의 손해를 산정하여 특별임무를 부여한 보조법관(master)이나 변호사로 구성된 위원회에서 보상을 한다.

(2) 규범유사성과 공론경쟁

흔히 집단소송은 다수의 당사자가 관련된 소송에서 동일 또는 유사한 소송이 반복되는 것을 피하고자 하는 소송경제(judicial economy)의 촉진과 재판의 효율성(efficiency)이라는 요청에 기인하며 영미법상의 판례를[20] 통해 발전해 온 것이라고 설명된다.[21]

[대강의 정의] 집단소송제도는 흔히 확산이익의 피해자들인 원고측에만 유리한 제도로 이해되곤 한다. 그러나 집단소송은 피고측에게 유리할 수도 있다. 왜냐하면 각 피해자가 어차피 소송을 제기할 정도로 큰 피해를 당한 경우에는 수많은 개별 소송이 벌어질 수 있을 것인데, 만약 그렇게 된다면 피고측은 수많은 같은 소송을 개별적으로 방어할 경우 각 소송마다 결과가 다르게 되는 위험과 엄청나게 많은 법률비용을 지불해야 할 것이기 때문이다. 따라서 피고는 잠재적인 원고들의 다수를 유인할 수 있는 집단소송이 있기만 하다면 그리고 다수의 원고들이 소를 제기할 개연성이 높다면, 차라리 집단소송의 형태로 대부분의 분쟁을 합의하여 처리하는 쪽을 선호할 것이다.

이런 합의적인 분쟁해결은 얼핏 정의로, 즉 "대강의 정의"(rough justice)[22]로 보일 수 있다. 분쟁을 해결하는 사법의 경제

20) 최완진, 「집단소송제도의 입법론적 과제」, 경영법률 제14권 제1호, 한국경영법률학회, 2004, 120쪽.

21) 자세히는 차문호, 「미국 집단소송제도의 운영」 외국사법연수논집[25](재판자료107집), 2005, 382~383쪽 참조.

> 성(효율성)을 도모하고, 피해자들은 비교적 쉽게 권리를 구제받을 수 있으며, 가해자도 개별적인 사적 소송이 대부분의 피해자들로부터 제기되고, 또한 패하게 되거나 패하지 않기 위해 많은 소송비용을 부담하지 않을 수도 있는 이익을 얻기 때문이다. 그러나 이런 윈-윈-윈의 실체를 정밀하게 들여다보면 그것이 정의인가 하는 의문이 제기된다. 각자는 나름의 모럴헤저드에 빠져든다는 점에서 그러하다. 피해자들은 자율적인 주체성의 상실, 즉 내면으로부터 소제기의 동기를 형성하는 것이 아니라 타인의 기획 속에 자신을 맡겨두게 되는 의존성을 갖게 된다. 가해자도 자신이 짊어질 책임이 정당한 것인지에 대한 통찰과 그에 따른 규범의 내면화에 관심을 갖기보다, 단지 더 많이 잃지 않으려는 타산적인 심리만 집착한다. 또한 가해자는 부정의를 감수하고, 정의를 거래하는 경제주의에 빠진다. 사법도 소송에서 정의의 실현을 대가로 기꺼이 지불하고, 그 대신 경제성과 편리성을 선택하며, 그로써 재판의 정당한 권위를 내놓고 만다.

그러나 판결의 효과가 소송당사자에게 국한되지 않고 판결의 규율내용이 소송당사자 밖의 사람에게도 미친다는 점에서 '규범유사성'을 말할 수 있다. 이 점이 소송경제나 효율성보다 훨씬 중요하다. 바로 그로 인해 집단소송이 분쟁의 해결이나 권리의 구제를 넘어서, 권리를 확인하거나 새로 만들고, 법을 형성하는 공익소송의 구조적 특성에 적합할 수 있게 되기 때문이다. 또한 유사규범의 형성은 갈등당사자 사이의 합의를 넘어서 공론경쟁을 펼치고 타당성이 승인될 때에나 가능한 일이다. 그러니까 바꿔 말해 집단적 사익의 추구가 공익의 실현일 수 있는 가능성이 전제되어야 —적어도 최소한 그런 가

22) 이에 관해 박경신, 「대강의 정의(rough justice): 집단소송」, 시민과 변호사, 2003. 6, 14~15쪽 참조.

능성이 열려 있어야— 집단소송은 정당화될 수 있다.

이런 정당화가능성이 확보되는 한, 인권실현이라는 공익소송의 구조적 요건은 집단소송제에서 어느 정도 충족될 수가 있다. 그렇다면 이런 점에서 집단소송은 집단적 사익추구의 모든 경우에 적용되는 것이 아니며, 오히려 극히 예외적으로만 인정되어야 함을 알 수 있다. 이를테면 특히 환경문제나 소비자문제 등의 공공문제(public issue)에서 불법행위나 불공정행위에 의한 다수·대량의 피해를 사전에 금지하거나 징벌하기 위해서 집단소송이 인정될 수 있을 것이다.[23] 그런 소송에서 법원의 재판은 독자적인 법형성 기능을 수행할 수 있다.

(3) 공익소송화의 한계

이렇게 볼 때 가장 자유를 많이 허용하고, 투기적 행태가 난무하는 증권시장에서 집단소송제를 시행하는 법은 지나치게 집단적 사익을 추구하는 맥락에서 집단소송을 인정한 셈이며, 그런 집단소송은 실질적 평등을 도모하는 법제로서 기능할 뿐 공익소송의 정체성을 유지하기는 매우 어렵다.

[한국의 증권집단소송제] 2004년 1월 20일 법률 제7074호로 제정된 우리나라의 증권관련집단소송법(이하 법)[24]은 '투자자 보호'와

---

23) 특히 환경문제에서의 그것은 J. Razzaque, *Public Interest Environmental Litigation in India, Pakistan and Bangladesh*, Kluwer Law International, 47쪽 아래 참조.

24) 우리나라에서 집단소송제를 도입하려는 시도는 일찍이 1990년 초반부터 있었다. 하지만 기업의 부담 등을 이유로 입법화되지 못하다가(이에 관해 김홍규, 「증권관련집단소송제의 도입과 남소의 방지」, 상장협 제49호(2004.

'기업경영의 투명성 확보'를 목표(제1조)[25]로 하여 상장기업들의 허위공시나 분식회계 또는 내부자거래 등과 같은 불법적인 행위로 인해 다수의 투자자들이 피해를 입는 경우에 — 증권거래법과 민사소송법에 의한 구제가 갖는 한계[26]나 기업지배구조의 개선에 기여하지만 배상금이 회사로 들어감으로써 소제기의 인센티브가 약한 주주대표소송의 문제점[27]을 극복하면서도 — 공통의 이해관계를 지닌 집단의 이익을 최소비용으로 실현시키기 위해[28] 집단소송을 인정한다. 증권관련집단소송법은 그 적용대상에 대하여는 법 제3조에서 규정하고 있고, 대표당사자에 대한 요건으로는 법 제11조에서 규정하고 있으며, 소송허가여부에 대한 요건은 법 제12조에서 규정하고 있다.

① 소송의 대상　법 제3조는 소송대상을 주권상장법인 또는 협회등록법인이 발행한 유가증권의 매매 또는 그 밖의 거래로 인하여 발생한 1) 유가증권 신고서, 사업설명서(예비사업설명서와 간이사업설명서 포함) 중 허위의 기재 또는 표시가 있거나 중요한 사항

3.), 3~21쪽) 1997년 외환위기를 맞고 IMF 관리체제에 들어가자 기업지배구조의 후진성과 기업경영의 투명성 부족이 강하게 비판되었고, 당시 국민회의(현 새천년 민주당)와 참여연대를 중심으로 증권관련집단소송제도의 도입이 강하게 주장되었고(이에 관해 이정환, 「미국의 증권집단소송제도와 우리나라의 증권집단소송법제정에 관한 검토」, 기업지배구조연구 vol.7, 2003, 여름, 38~56쪽 참조), 수많은 반대와 우여곡절 끝에 2004년 1월 20일 「증권관련 집단소송법」이 제정되어, 2005년 1월 1일부터 시행되고 있다.

25) 「증권관련 집단소송법」 제1조도 "이 법은 유가증권의 거래과정에서 발생한 집단적인 피해를 효율적으로 구제하고 이를 통하여 기업의 경영투명성을 높이기 위하여 증권관련집단소송에 관하여 민사소송법에 대한 특례를 정하는 것을 목적으로 한다"고 규정한다.

26) 서헌제, 「증권집단소송제의 쟁점」, 중앙법학회, 중앙법학 제7집 제1호(2005.2.), 263쪽.

27) 김정호·박양균, 「증권집단소송제도에 대한 법경제학적 검토」, 증권법연구 제1권 제1호, 2쪽.

28) 최완진, 「증권집단소송제도에 관한 법적 고찰」, 한국경영법률학회, 경영법률, 2005, 64쪽.

이 기재 또는 표시되지 아니함으로 인한 손해배상청구(증권거래법 제14조), 2) 사업보고서, 반기보고서, 분기보고서 중 허위의 기재 또는 표시가 있거나 중요한 사항을 기재 또는 표시하지 아니함으로 인한 손해배상청구(제186조의5, 제14조), 3) 미공개정보를 이용한 내부자거래 또는 시세조작행위로 인한 손해배상청구(제188조의3, 제188조의5), 4) 감사인의 분식회계 또는 부실감사로 인한 손해배상청구(제197조)로 한정하고 있다. 또한 당초 법(안)처럼 허위공시와 분식회계의 경우에 자산총액 2조원 이상인 회사에만 적용을 국한하지는 않지만, 법은 2조원 미만인 회사에 대해서는 그 적용을 2년간 유예하는 특칙(부칙 제3항)을 인정한다.[29)]

② 대표당사자 및 소송대리인 　집단소송의 소장 및 소송허가신청서가 제출되면 법원은 접수한 날로부터 10일 이내에 1) 증권관련집단소송의 소가 제기되었다는 사실, 2) 총원의 범위, 3) 청구의 취지 및 원인의 요지, 4) 대표당사자가 되기를 원하는 구성원은 공고가 있은 날로부터 30일 이내에 법원에 신청서를 제출하여야 한다는 사실을 공고하고(제10조 제1항), 공고를 한 날로부터 50일 이내에 증권관련집단소송을 제기한 자와 대표당사자신청서를 제출한 구성원 중 총원의 이익을 공정하고 적절히 대표할 수 있으며, 최근 3년간 3건 이상의 증권집단소송에 대표당사자로 관여하였던 자가 아닌 자[30)]를 대표당사자로 선임한다(제10조 제4항, 제11조). 다만

---

29) 이와 관련한 논의과정에 대해 자세히는 서헌제, 「증권집단소송제의 쟁점」, 중앙법학회, 중앙법학 제7집 제1호(2005.2.), 267쪽.

30) 손해배상청구에 대해 경제적 이익이 가장 큰 자는 대부분 기관투자자로서 대주주와 일정한 관계를 맺고 있는 것이 보통이므로 피고 기업과 유착관계가 커서 대표성에 문제가 있는 경우가 많다는 점을 지적하면서, 이러한 자를 대표당사자로 하는 것은 부당하며 오히려 소액투자자를 대표자로 선정해야 한다는 비판과 대표당사자 및 소송대리인에 대한 소송건수제한은 공정하고 적절한 소송수행과는 직접적인 관계가 없는 비현실적인 제한으로서 변호사의 직업윤리에 맡겨둘 사안이고 오히려 수임건수제한은 집단소송 전문 로펌(law firm)의 출현을 억제하여 효율적인 소송수행에 역행할 수 있다는 비판에 대해서 서헌제, 「증권집단소송제의 쟁점」, 중앙법학회, 중앙법

제반사정에 비추어 보아 제2항의 규정에 의한 요건을 충족하는 데 지장이 없다고 법원이 인정한 자는 대표당사자가 될 수 있다(제3항).

③ 소송허가요건 집단소송은 구성원이 50인 이상이고, 보유한 유가증권의 합계가 피고회사 발행총수의 1만분의 1 이상이어야 하고(제12조 제1항 제1호), 법률상 또는 사실상의 중요한 쟁점이 모든 구성원에게 공통되어야 하며[31](제12조 제1항 제2호), 증권관련 집단소송이 총원의 권리실현이나 이익보호에 적합하고 효율적인 수단이어야 한다(제12조 제1항 제3호). 아울러 분쟁에 관한 공정하고 효율적인 재판을 하기 위해서는 집단소송이 다른 이용 가능한 방법보다 우수하다고 법원이 판단하는 경우에만[32] 허용된다. 법원은 집단소송의 허가결정을 지체 없이 구성원 모두에게 고지시키고(제18조 제1항, 제2항) 전국 단위의 일간신문에 게재하며(제18조 제3항), 증권거래소 또는 한국증권업협회에 즉시 통보하여야 한다(제19조 제1항).[33]

학 제7집 제1호(2005.2.), 268~269쪽 참조.

31) 미국의 소송현실을 보면 증권관련의 집단소송에서는 이와 같은 공통성 요건이 쉽게 충족되는 단지 "낮은 장애물"이 될 뿐이다. 특히 집단구성원들이 피고의 허위표시 또는 누락에 근거하여 실제로 주식을 매매했다는 것을 입증해야 할 부담이 법률상의 추정(예를 들어, 시장에 대한 사기)에 의해 경감된다는 점도 이러한 관점을 뒷받침한다. 심지어 일부 법원은 집단구성원들의 개인적인 신뢰가 심리 자체에서 밝혀져야 하는가와 같은 순수한 문제 자체도 전체 집단에 공통적인 쟁점을 제기하는 것이라고 인정한 바 있다(Paul, Hastings, Janofsky & Walker, LLP, *SECURITIES LAW CLAIMS: A Practical Guide*, Oceana Publications, Inc., 2004, 159~160쪽).

32) 손해배상을 청구하는 증권집단소송에서는 이와 같이 공통적인 쟁점들이 개별적인 것들을 압도하는 것이 보통이다(Paul, Hastings, Janofsky & Walker, LLP, 앞의 논문, 162쪽).

33) 미국에서는 증권집단소송의 남용문제를 해결하기 위하여 1995년 증권민사소송개혁법(Securities Litigation Reform Act of 1995)을 제정하였고 원고가 연방이 아닌 주에 소를 제기함으로써 이와 같은 증권민사소송개혁법의 제한을 회피하자 1998년 증권소송통일기준법(Securities Litigation Uniform

④ 소송절차　　증권집단소송에는 주장책임, 입증책임의 완화에 관한 특칙[34]은 없으며, 집단소송의 효율적 수행을 위해 직권증거조사(법 제30조), 문서제출명령(법 제32조), 증거보전(법 제33조) 등에 관한 특칙만을 두고 있다. 손해배상은 증권거래법 그 밖에 다른 법률에 규정이 있는 경우에는 그에 따르고, 이와 같이 다른 법률의 규정에 의하거나 증거조사에 의하여도 정확한 손해액의 산정이 곤란한 경우에는 제반사정을 참작하여 표본적·평균적·통계적 방법 그 밖의 합리적인 방법에 의하도록 하고 있다(제34조).[35] 또한 증권관련집단소송에 있어서 소송상의 화해는 법원의 허가를 받아야만 효력이 있고(제35조), 법원은 소송상의 화해의 허가에 관한 결정을 하기 위해서는 미리 구성원에게 이를 고지하여 의견을 진술할 기회를 부여하여야 한다. 이 고지에는 민사소송법 규정(제18조 제2항, 제3항)이 준용되나 쌍방불출석시의 소취하 간주규정(제268조)은 적용하지 않는다.

⑤ 판결의 효력　　확정판결의 효력은 제외신고를 하지 아니한

Standards Act of 1998)을 마련하기에 이르렀다. 이에 대해 자세한 설명은 Larry D. Soderquist, *Understanding the Securities Laws,* Practising Law Institute, 2005, §8:3.

34) 예컨대 증권거래법 제15조 제2항에서의 허위공시 및 분식회계의 경우에 있어서 입증책임을 피고에게 전환하는 규정을 들 수 있다(이에 대한 일반적인 설명으로 기업소송연구회, 『증권집단소송법』, 2006, 280~281쪽; 비판적인 분석으로 이상돈, 『부실감사법』, 2004, 177쪽; 『부실감사판례연구』, 2006, 90~93쪽 참조). 증권집단소송에 이와 같은 특칙을 두지 않은 것은 원고보호가 지나치게 될 것을 우려했기 때문으로 보인다.

35) 이와 같은 표본적·평균적·통계적 방법과 관련하여 증권관련집단소송에서는 환경소송이나 소비자소송과는 달리 동일한 위법행위로 인하여 손해가 발생한 경우라도 원고의 거래주식수, 거래주식단가, 주식거래형태 등 여러 가지 요인에 따라 실제 배상되어야 할 집단구성원 개개인의 손해액이 서로 달리 판단될 수밖에 없기 때문에 이러한 손해배상액의 산정방식이 합리적인지에 대해서는 의문의 여지가 있다는 비판으로 최완진, 「증권집단소송제도에 관한 법적 고찰」, 한국경영법률학회, 경영법률, 2005, 81쪽 아래 참조.

모든 구성원에 대하여 미친다(제37조). opt-out 제도를 도입한 셈이다.

⑥ 분배절차 손해배상액의 분배는 판결 확정 후 별도의 분배절차에서 대표당사자가 집행권원에 의거하여 집행하며, 권리신고와 확인절차를 통해 구성원을 특정하여 분배관리인으로 하여금 피고로부터 집행된 손해배상액을 분배하는 구조로 짜여진다. 분배관리인은 법원이 직권 또는 대표당사자의 신청에 의하여 선임하며(제41조 제1항, 제2항), 선임된 분배관리인이 분배업무를 적절히 수행하지 못하거나 그 밖의 중대한 사유가 있는 때에는 직권 또는 신청에 의하여 분배관리인을 변경할 수 있다(제3항). 분배관리인은 법원이 정한 기간 내에 분배계획안을 작성·제출해야 하고(제42조 제1항), 법원은 이 분배계획안이 공정하며 형평에 맞다고 인정되는 때에는 결정으로 이를 인가하여야 한다(제46조 제1항). 소송허가결정의 고지·공고·감정 등에 필요한 비용의 예납을 법원이 명하게 하는 제도(제16조) 이외의 특칙은 없으므로, 증권집단소송의 비용은 민사소송법이 준용되며, 따라서 소송비용은 패소한 당사자가 부담하고, 변호사 보수[36]는 일정범위만 소송비용으로 인정되는 것으로 규정하고 있다(민사소송법 제98조, 제109조 제1항).

1) 집단적 사익소송화 위험 그런데 집단소송을 공익소송의 형태로 바라보는 것은, 바꿔 말해 '집단적 사익성'을 '공익'이라 칭하는 것은 아마도 수사(rhetoric)의 차원에서만 가능할 것이다. 집단소송의 공익소송화는 일종의 은유(metaphor)이고, 은유가 지니는 문제점, 즉

36) 「증권관련 집단소송법」상 변호사보수는 허가신청서의 기재사항으로 되어 있다. 그러나 그 구체적인 금액에 대해서는 아무런 규정이 없고, 법 제59조에서는 "이 법의 시행에 관하여 필요한 사항은 대법원 규칙으로 정한다"라고 규정하고 있으므로 변호사보수는 대법원 규칙으로 정할 수 있다고 본다.

'일반화해 버리는' 문제점을 노정할 수 있다.[37] 다시 말해 실제는 단지 집단적인 사익의 결집인데 과도하게 '공익'의 이미지에 끼워 맞춘다는 것이다.

이런 은유의 수사는 바로 우리나라의 증권집단소송에 전형적으로 들어맞는다. 증권시장은 기본적으로 자유시장의 논리가 강한데다 피해내용과 범위도 상당히 불분명한데도, 그 권리구제에는 '공공성'이라는 수사를 사용한다. 요컨대 증권시장을 움직이는 원리는 '돈 놓고 돈 먹기'의 자유주의에 편향되어 있는데도, 그 규제에 대해 규정할 때에는 공익개념으로 색칠해 놓는다. 그런 점에서 증권법제와 증권집단소송제는 서로 부정합적이다.

그렇다면 증권시장은 다른 시장영역(예: 의료, 노동 등)에 비해 월등하게 자유주의체제를 구축해 놓고, 투자실패자들의 시장이탈을 막는 방편으로 시장의 약자를 보호하기 위한 정책의 하나로 집단소송제가 이용될 것이라고 전망해볼 수 있다. 즉 증권관련집단소송제는 시장의 공정성이라는 상징을 창출하는 데까지만[38] 실질적 평등의 이념을 추진하는 제도로 기능할 여지가 크다. 이런 전망이 타당하다면 증권관련집단소송은 엄격한 의미에서 공익소송이라기보다는 집단적 '사익' 소송의 전형이 될 것이다. 이는 미국의 집단소송이론에서 왜 집단적 '공익'소송은 주로 부권소송 형태(아래 2.)로 전개되고, 집단적 사익소송은 새로운 공익소송형태에 포괄하기 어려운 것으로 보는 경향이 증대하는지를 이해할 수 있게 한다.

---

37) 김욱동, 『은유와 환유』, 민음사, 1999, 269쪽.

38) 이런 의미에서 상징(증권시장의 공정성)이 현실(증권시장의 기능)을 낳는다고 볼 수 있는데, 이런 관점에서 증권형법을 설명하는 이상돈, 「주가조작의 형사책임」, 저스티스, 2006년 2월호, 통권 제89호, 87~109쪽 참조.

2) 소송주체의 공익성 · 시민성의 구조적 결핍　　집단소송의 공익소송화 한계는 근본적으로는 대표당사자가 집단의 구성원, 이해관련자일 때 당사자적격을 인정받는 데서 비롯된다. 그 점에서 선정당사자 소송의 주체에게 요구되는 공익성과 구조적인 차이가 없다. 예컨대 미국이나 우리나라의 집단소송에서 대표당사자에 요구되는 '적절성'(adequacy)의 요건은 소송주체가 되는 대표당사자의 이익이 집단의 이익과 상충되지는 않는지 그리고 소송주체가 집단의 이익을 유능하게 대표할 수 있는지의 여부를 기준으로 할 뿐이다.

(가) 적절성과 시민성의 관련성　　물론 적절성 요건과 시민성 요건이 완전히 서로 무관한 것은 아니다. 집단소송의 대표당사자가 공익성, 특히 시민성으로 채색된 공익성[39]을 보인다면 —그리고 특히 집단소송이 새로운 권리의 정당화를 창설하는 기능을 수행하는 경우라면— 적절성이 인정되기 쉬울 것이고, 반대로 적절성이 있다면 —집단소송이 공익소송의 하나로 재해석함을 전제로 할 때— 공익성으로 표현된 시민성을 인정하기 쉬울 것이다.

(나) 적절성과 시민성의 차별성　　그러나 적절성과 시민성은 결코 하나로 겹쳐지는 것이 아님을 주의하여야 한다. 왜냐하면 적절성 요건은 소송을 제기하는 원고집단과의 관계를 규율하는 데에 비해 시민성 요청은 원고집단과의 관계를 훨씬 '넘어선 시민사회', 더 나아가 민주적 법치국가와의 관계를 문제삼는 요건이다. 시민성의 요건을 어떻

---

39) 이에 관해 자세히는 [3].III.3. 참조.

게 구성할 것인가는 궁극적으로는 공익소송이 민주적 법치국가에서 차지하는 의미로부터 결정된다. 시민성의 요건은 공익소송이 공식적인 입법기제의 민주적 입법기능의 한계를 보완하는 법형성기능, 시민사회의 공론을 이끄는 기능의 수행역량을 기준으로 구성된다. 그렇기 때문에 집단소송의 대표당사자가 될 수 있는 적절성이 있다고 해서 공익소송의 주체로서 적합하다는 판정을 내릴 수는 없다.

그러나 집단소송의 사익소송화 현상을 반성해보면, 공익소송은 집단이익의 당파성을 반성하고, 그것을 공익실현의 관점에서 재해석하며, 공익실현의 기획에 편입될 수 있는 범위에서만 집단이익을 주장하고, 관철하고자 하는 성찰의 역량과 태도를 가진 자에 의해 수행되어야 한다고 말할 수 있다. 결국 소송을 제기하고 수행하는 주도적 역할은 그 소송을 통해 권리구제를 받는 집단에 속하지 않거나, 적어도 매우 명확하게 비판적 거리를 둘 수 있는 주체에게 맡겨질 때에만 소송의 공익화가 가능하다고 볼 수 있다.

2. 부권소송과 공익소송

그런 방향으로 집단소송을 좀더 공익소송 쪽으로 발전시킨 형태의 하나가 미국의 부권소송(parens patriae action)[40]이다.

40) "parens patriae action"은 국가후견소송으로 번역되기도 한다. 이문지, 「미국의 반트러스트 국가후견소송」, 경영법률 제10집, 1999 참조.

(1) 부권소송의 공익소송화

부권소송은 주(州)정부가 피해자들을 대신해서 소를 제기하는 소송 형태이다.[41] 부권소송이 통상의 집단소송과 구별되는 점은 크게 두 가지이다. ① 첫째, 부권소송은 집단소송에서 소송주체의 공익성 결핍을 국가로 하여금 메우게 한다. 즉 공익을 도모하기 위하여 국가 내지 행정부 관료에게 집단소송을 제기할 수 있는 적격을 부여하여, 일반 시민(예: 소비자) 대신에 소송에 관여할 수 있게 한다. 이 점에서 수많은 피해자들 가운데 일부가 대표당사자가 되어 소송을 제기하는 집단소송(class action)과 분명하게 구별된다.

② 둘째는 확산이익이라는 공익소송의 구조적 요소를 부권소송은 통상의 집단소송보다 좀더 강하게 충족한다는 점이다. 이는 부권소송이 주로 카르텔, 허위광고 등 공정거래관련법 위반사건에 대해 인정되는 데서 비롯되는데, 이와 같은 사건들에서는 전체 소비자의 피해는 거대하지만, 개별 소비자의 피해는 미미하다. 이러한 소액 다수 소비자피해사건의 경우에 현행 소송절차 내지 소송법이론을 통하든 심지어 연방민사소송규칙에 따른 집단소송에 의하든 권리구제에는 근본적인 한계가 있다.[42]

---

41) 부권소송은 영국의 보통법에서 유래한 것으로 본래, "국가의 아버지"로서의 능력을 행사한 왕의 권한에서 도출된 것이었다. 곧 미성년자와 정신이 상자와 같은 힘없는 자를 자선(charities)적 차원에서 관리하고 보호하는 주권적 권한이었고, 부권소송은 법원이 최초로 부권소송을 인정하기 전부터도 반세기 이상의 역사를 갖고 있었다. 이에 관해 자세히는 Michael Malina & Michael Blechman, "Parens Patriae Suits for Treble Damages Under the Antitrust Laws," 65 Nw. U. L. Rev. 193, 198 (1970), 197쪽.

42) 이규호, 「공정거래법분야에 있어 미국의 부권소송에 대한 연구」, 법학연구 15권, 연세대학교 법학연구소, 2005, 151~152쪽.

[미국의 부권소송]   미국 보통법에서 발전된 부권소송의 법리는 다음 두 가지로 요체를 정리할 수 있다.

① 부권소송주체   부권소송은 주정부[43]가 주 내에 거주하는 시민의 건강(health), 안전(safety), 내지 복지(well-being)을 보호하기 위하여 준-주권적인(quasi-sovereign) 자격을 갖고 소송의 주체가 되는 소송형태이다.[44] 담배소송[45]은 부권소송의 대표적인 예

---

43) 주 정부 외에도, 공정거래와 관련해서 연방거래위원회(FTC)는 Magnuson-Moss Warranty — Federal Trade Commission Improvement Act 제206조에 따라 소비자를 대신해 손해배상을 구할 수 있는 권한이 있다. (15 U.S.C.A. §57(b) (West Supp. 1976)).

44) 미국 판례는 대체적으로 주 법무장관이 집단소송도 함께 제기할 수 있다고 본다. 이렇게 되면 부권소송과 집단소송은 병렬적 관계에 놓여져 있는 것으로 판단된다(Farmers Group, Inc., et al. v. Jan Lubin, Gilberto Villanueva, and Michael Paladino, Supreme Court of Texas, No.05-0169, 2006 Tex). In re Toys "R" US Antitrust Litig., 191 F.R.D. 347, 351 (E.D.N.Y. 2000)에서 법원은 "주 법무장관의 참여는 소비자들의 이익이 보호된다는 추가적인 확신을 제공한다"고 하면서 주 법무장관에게 집단소송을 제기할 권한이 있으며, 그가 적합한 집단대표자(proper class representative)임을 인정하고 있다. 미시간 정부도 이러한 문제를 해결함에 있어서 법무장관의 대표성을 인정하고 있다[In re Sclater, 40 B.R. 594, 599 (Bankr. E.D. Mich. 1984)]. State Teachers Ret. Bd. v. Fluor Corp., 73 F.R.D. 569, 572 (S.D.N.Y. 1976); Philadelphia v. Am. Oil Co., 53 F.R.D. 45, 67 (D.N.J. 1971); In re Antibiotic Antitrust Actions, 333 F. Supp. 278, 280-81 (S.D.N.Y. 1971); Illinois v. Brunswick Corp., 32 F.R.D. 453, 461 (N.D. Ill. 1963) 등의 판례들도 그와 같이 인정한다.

45) The State of Texas vs. The American Tobacco Company, et al., No. 5-96 CV-91, 14 F. Supp. 2d 956; 1997 U.S. Dist.; 1998-1 Trade Cas. (CCH) P72, 205: 부권소송에서 담배소송이 제기된 사례는 많지만, 시민의 건강, 안전, 복지에 대한 위해에 있어 주의 권한을 명시적으로 분석한 사건은, 이 사건이 거의 유일하다. 이 사건에서 주 정부가 성문법적 권한(statutory authorization)이 없음에도 불구하고 보통법에 따른 부권소송을 제기할 수 있는지를 다루었는데, 이에 대해 법원은 주가 준-주권적 능력에 따라 소를 제기할 충분한 이익을 가진다고 보았다. 텍사스 주의 법무장관이 텍사스 주의 이름으로 주요 담배기업들과 홍보회사들(The American Tobacco Company; R.J. Reynolds Tobacco Company; Brown & Williamson Tobacco

가 된다.

② 소송제기요건 주정부가 보통법상 원칙에 따른 부권소송을 제기하기 위해서는 먼저, 일반 시민의 이해관계와 별도로 일정한 이해관계, 곧 준-주권적 이익을 가져야 한다. 준-주권적 이익은 주권적 이익(sovereign interests), 재산적 이익(proprietary interests), 또는 주가 추구하는 사적 이익(private interests)과 구별된다. 곧 부권소송을 유지하기 위해서, 주는 반드시 명목상의 당사자(nominal party)의 지위를 벗어나는 일정한 이익들을 축적하여야 하는 것이다. 준-주권적 이익의 구체화는 개별 사안을 통해 해결되어야 하지만, 이들이 가지는 특성은 일반적으로 두 가지로 나타난다. 먼저, 주는 일반적으로 거주자의 건강과 (신체적 · 경제적) 복지에 있어 준-주권적 이익을 갖는다. 둘째로, 주는 연방체계 내에서 합법적인 지위가 차별적으로 부정되지 않는 데에 있어 준-주권적 이익을 갖는다.[46] 이와 더불어, 주 정부가 부권소송을 제기하기 위해서는 전체 주민 가운데 상당한 수의 피해자가 있어야 한다.[47]

Corporation; B.A.T. Industries, p.l.c.; Philip Morris, Inc.; Liggett Group, Inc.; Lorillard Tobacco Company, Inc.; United States Tobacco Company; Hill & Knowlton, Inc.; The Council for Tobacco Research-USA, Inc.; The Tobacco Institute, Inc.)을 대상으로 소송을 제기한 사건이다. 1996년, 텍사스 주는 담배나 비흡연 담배 품목을 원인으로 텍사스 주민들에게 발생한 피해의 치료를 목적으로 한 Medicaid program 등과 같은 의학적 치료를 제공하기 위하여 텍사스 주가 지출한 비용을 배상받고자 소송을 제기했고, 1998년에 합의했다. 텍사스 주는 미시시피 주와 플로리다 주 다음으로 거대 담배기업들과 합의에 도달한 세 번째 주였고, 미네소타 주와의 합의 이후에, 합의에 임했던 피고인들은 Master Settlement Agreement를 통해 46개 주와 콜롬비아 특별구와도 합의했다.

46) Richard P. Ieyoub, Theodore Eisenberg, "State Attorney General Actions, the Tobacco Litigation, and the Doctrine of Parens Patriae," 74 Tul. L. Rev. 1859, June, 2000, 1868쪽.

47) 이는 주 정부가 관리하는 공적 자원이 소수의 시민만을 위해 사용되는 것을 방지하기 위함이다. State ex rel. Barker v. Chicago & A.R. Co., 178

③ Hart-Scott-Rodino 반독점개선법 이러한 판례법의 발전은 Hart-Scott-Rodino 반독점개선법(Antitrust Improvements Act)에서 완성된다(이하 "HSRA"). 미국 의회는 독점금지법(antitrust laws)의 신속하고 효과적인 집행을 촉진하기 위해 동법을 제정하였다.[48] 이전에 법원은 주 법무장관이 보통법상의 부권소송을 반독점 영역에서 제기하는 것을 쉽게 인정하지 않았으나,[49] HSRA가 제정됨으로써, 주의 법무장관은 연방 반독점소송에서 시민들을 위해 부권소송을 제기하여 손해배상을 구할 수 있는 권한을 명시적으로 인정받게 되었고, 이는 주의 보통법상 부권소송의 지위를 더욱 확장하여, 소비자 집단소송의 대체적 소송구조로서 자리매김하도록 하였다. HSRA는 절차적 규정에서 손해의 입증,[50] 손해의 분배,[51] 고지[52]를 규정하고 있다. 이에 따르면, 1) 원고인 주 법무장관은 손해에 대한 정확한 액수(exact dollar)를 증명하는 대신에 부권소송에 포함된 개인이 받은 각각의 손해를 추산하도록(estimate) 한다. 이러한 추산은 통계적인(statistical) 또는 다른 표본추출 방법(sampling

---

s.w. 129, 138 (1915): "정부의 공적 자금에 대한 대다수의 공헌자들(납세자들)이 그러한 소송을 제기한 일이 없을 경우, 정부가 특정한 사적 제소자들을 지원하는 데에 공적 자금을 사용하는 것은 부당하다. 법무장관은 민사적인 면에 있어서 — 주정부의 사적 이익의 측면에서— 정부를 대표한다. 오직 그러한 정도에서만 그는 주민들을 대표한다. 사람들의 사적인 분쟁에 있어서 법무장관은 다른 어떤 주민과 마찬가지로 주민들을 대표하지 않는다. 비록 정부가 비슷한 분쟁에 있어 관련을 맺고 있다고 하더라도, 정부는 자신의 두 명의 주민들 사이의 논쟁을 조정하기 위한 목적으로, 자신의 권한과 공무원, 공적 자금을 사용하도록 허용되어서는 안 된다."

48) Susan Beth Farmer, "More Lessons From The Laboratories : Cy Pres Distributions In Parens Patriae Antitrust Actions Brought By State Attorney General," 68 Fordham L. Rev. 361, November, 1999, 362쪽.

49) Susan Beth Farmer, 위의 논문, 368쪽.

50) 15 U.S.C. 15d.

51) 15 U.S.C. 15e.

52) 15 U.S.C. 15c(b).

methods)에 의한다.[53] 또한 2) 소송에 대하여 언론을 통해 고지가 되었다면 부권소송에 포함된 구성원이 적절하게 고지를 받은 것으로 추정된다.[54]

그 대표적인 이유로는 1) 소비자들이 소송에 비용을 투자할 만한 유인을 가질 정도로 물품을 많이 구매하는 경우는 별로 없고,[55] 2) 소비자가 제소하더라도 소액구매에 대하여 영수증을 일일이 보관하지 않기 때문에 손해액을 증명하기가 매우 어렵고, 3) 집단소송에서 집단의 총원에 대한 통지비용 등의 부담이 너무 크기 때문이라고 할 수 있다. 반독점개선법에서 절정을 이루는 부권소송은 바로 이러한 영역에서 공익소송의 기능을 수행한다.

(2) 공익소송화의 한계

부권소송은 분명 집단소송보다 공익소송의 윤곽을 훨씬 더 많이 갖추고 있다. 그러나 부권소송이 공익소송으로 기능하는 데에는 결정적인 한계가 남아 있다. 그것은 소송의 주체가 갖추어야 할 공익성이 '시민성'과 절연된 채[56] 관료들의 엘리트주의적 결정능력에 의해 그 내용이 좌우된다는 점에 있다. 공익소송은 민주적 법치국가의 기능을 보충하는 성찰적 기제가 아니라 권위주의에 물들기 쉬운 관료

---

53) 15 U.S.C. 15d.

54) 법원은 만일 언론에 의한 고지가 적법절차원칙(due process)에 반한다고 판단할 경우 다른 수단을 통해 고지하도록 명령할 수 있다[(15 U.S.C. 15c(b)(1)].

55) 바로 이런 점들에서 집단소송보다 부권소송이 좀더 명확하게 확산이익이라는 공익소송의 요소를 충족하는 소송형태인을 알 수 있다.

56) 공익소송에서 주체의 공익성은 시민성으로 해석되어야 한다는 점에 대해 앞 [3].III. 참조.

주의의 궤도 안에서 이루어지는, 특히 공공복리에 지향한 '정책의 수단'으로 전락할 위험이 있다. 또한 소비자보호의 정책적 평형이 깨지면 부권소송이 추구하는 공익은 권위적 관료주의의 편견으로 각인될 수밖에 없다.

공익소송의 정당화기초로서 공익성에 대한 공론화와 공론경쟁의 과정이 생략된다. 그렇기 때문에 반독점개선법이 당사자적격의 후견주의적 확장을 넘어서 손해배상금의 추정이나 총원에 대한 고지의 추정을 행하는 것은 관료주의적 공공복리관의 무오류성에 대한 맹신에서 비롯되는 것으로 볼 수 있다. 그런 맹신은 행정정책적 합리성을 전통적인 사법정의보다 우위에 놓음으로써 권력분립의 미미한 불균형을 초래할 수도 있다. 이처럼 공익성에 대한 공론을 관료주의적 정책의 합리성으로 대체시킴으로써 부권소송은 공익소송으로서 치명적인 결함을 갖게 된다.

이런 결함은 부권소송과 소비자집단소송이 중복되었을 때 무엇을 더 우위에 둘 것인가에 대한 법원의 입장[57]에서 확인된다. 법원은 HSRA를 제정한 의회의 의도를 존중하여, 주의 법무장관(Attorney General)이 성문법에 근거한 부권소송을 제기하였을 때, 연방민사소송규칙 제23조에 따라 집단소송보다 우위에 있다고 결론 내렸다. 이런 결론은 물론 국가나 행정청이 단체보다는 소송수행에서 더 힘 있는 위치에 있고, 단체보다 손해배상액 배분을 잘 할 수 있으며, 다른 누구로부터도 통제받지 않으며, 단체소송보다 사회적 비용을 절감할 수

57) Pennsylvania v. Budget Fuel Oil Co., 122 F.R.D. 184, 186 (E.D.Pa. 1988).

있다는 점에서 비롯된다.[58] 하지만 소비자의 어떤 이익이 공익적 지위를 갖는지는 부권소송이든 집단소송이든 바로 소송의 과정을 통하여, 또는 소송을 둘러싸고 펼쳐지는 공론경쟁의 과정을 통하여 비로소 형성될 수 있음을 간과해서는 안 된다.

---

58) 이규호, 「공정거래법분야에 있어 미국의 부권소송에 대한 연구」, 181~182쪽.

III. 공익소송의 완성

집단소송보다 좀더 공익소송화된 부권소송, 이보다 좀더 공익소송화된 모델로 단체소송을 들 수 있다. 단체소송은 공익소송이 거의 완성된 형태를 띤다.

1. 단체소송의 공익소송화

법적인 제도가 마련되어 있지 못해서 혹은 법적인 제도가 존재한다 하더라도 사실상의 이유로 보호받지 못하던 집단적 권익을 보호하기 위한 수단을 강구하는 공익소송모델은 독일에서도 발견된다. 그 대표적인 예는 단체소송제도(Verbandsklage)이다.[59]

(1) 단체소송의 발전

단체소송은 일정한 자격을 가진 단체가 일정한 분쟁에 있어서 불이익을 입은 자를 대신하여 소송을 제기함을 인정하는 제도이다.[60] 단체소송에는 일반적으로 두 가지 유형이 있다. 첫째는 단체구성원의 권리·이익이 침해된 것을 이유로 단체가 직접 제기하는 이기적 단

---

59) 이에 관해 일반적인 설명으로 Rosenberg, *Zivilprozeßrecht*, 14.Auflage, 254쪽 참조.

60) 김철용, 「집단소송입법화의 문제점」, 『집단소송의 법리』, 법무부, 1991, 38쪽.

체소송(egoistische Verbandsklage)이고, 둘째는 일정한 자격을 갖춘 단체가 일반의 이익, 바꿔 말해 공익을 주장하여 제기하는 이타적 단체소송(altruistische Verbandsklage)이다.[61] 공익소송 도입 문제와 관련하여 논의의 대상이 되는 것은 당연히 후자의 유형에 국한된다. 아래서 논의하는 것도 이타적 단체소송을 가리킨다.

[독일의 단체소송제도의 발전] 독일에서 단체소송의 도입이 가장 먼저 이루어진 분야는, 1909년의 부정경쟁방지법(UWG)에서 볼 수 있듯이, 소비자 보호와 관련된 영역이었다. 이 때의 단체소송은 아직은 공익소송의 모습과는 좀 거리가 있었다. 경쟁질서에 반하는 거래행위에 의하여 피해를 입을 경쟁자의 보호를 위해 동종업종의 경쟁자나 영업자 단체에게 단체소송권을 부여했을 뿐이다. 단체소송이 결정적으로 공익소송화된 것은 1965년 개정 부정경쟁방지법에 와서이다. 이 개정법은 소비자단체에게 단체소송권을 처음으로 인정하였다.[62] 현재는 2004년 개정된 현행 부정경쟁방지법 제8조를 비롯하여, 불공정한 약관으로 인하여 발생한 피해를 구제하기 위하여 보통거래약관규제법(AGBG) 제13조가 일정한 소비자단체에게 단체소송권을 부여하고 있다. 또한 여러 주의 자연보호법(Gesetz über Naturschutz und Landschaftspflege)[63]도 일정한 요건을 갖춘 환경단체

---

61) 김상찬, 「독일환경법상 단체소송의 최근 동향」, 토지공법연구 제18집, 2003, 337쪽; Redecker, *Verfahrensrechtliche Bedenken gegen die Verbandsklage*, ZRP, 1970, 163쪽.

62) 이런 소권의 부여는 물론 경쟁자 및 영업자단체의 소권과 그 행사에 의한 반사적 효과만으로는 일반소비자의 피해를 방지하기 어렵다는 판단에서 비롯된다. 이에 관해 김홍규, 「집단분쟁처리를 위한 특별법제정에 관하여」, 『집단소송의 법리』, 법무부, 16-17쪽.

63) 예를 들면 1979년에 Bremen 주 자연보호법을 효시로 현재 Berlin, Hamburg, Niedersachsen, Saarland 등 14개 주가 주 자연보호법에 환경단체의 단체소송권을 명시적으로 규정하고 있다.

들에 단체소송을 인정하고 있다. 그 밖에 경품법(Zugabeverordnung) 제2조, 할인법(Rabattgesetz) 제12조, 경쟁제한방지법(Gesetz gegen Wettbewerbsbeschränkungen) 제35조, 통신법(Telecommunikationsgesetz) 제44조 2항, 병원보상법(Krankenhausentgeltgesetz) 제17조 1항 5문 등에서도 단체소송규정을 발견할 수 있다.[64] 소비자보호의 영역, 이를테면 부정경쟁방지법이나 보통거래약관법에서 단체소송을 인정하는 것은, 비록 유력한 비판[65]이 없는 것은 아니지만, 널리 지지되고 있다. 최근 가장 논란이 많이 벌어진 분야는 환경법상의 단체소송이다. 쟁점의 중심은 주법과 달리 연방법(연방자연보호법)의 차원에서는 단체의 행정절차참가를 인정할 뿐 단체소송권을 인정하지 않고 있다는 점에 쏠려 있다. 1976년 연방자연보호법 개정논의[66] 이래로 꾸준히 환경분야에서도 단체소송을 도입하자는 주장[67]이 있어 왔지만 단체소송의 도입은 연거푸 좌절되었다. 하지만 학문적으로는 그 뒤로도 단체소송 도입론이 꽤 폭넓은 타당성을 얻어갔고,[68] 결국 2002년 연방자연보호법이 제61조에서 단체소송을 명문화함으로써 30년간의 논쟁을 일단락지었다.[69]

---

64) 사법분야의 최근 단체소송발전에 대해서는 Halfmeier, Popularklagen im Privatrecht, 2006 제2장 참조.

65) 하지만 소비자보호 영역에서도 직접적인 이해관계 당사자에게 제소권을 부여하는 것으로 충분하다는 취지의 비판도 유력하다. Marotzke, Rechtsnatur und Streitgegenstand der Unterlassungsklage aus §13 UWG, ZZP 98, 1985, 165쪽 이하.; Hadding, Die Klagebefugnis der Mitbewerber und der Verbände nach §13 Abs.1 UWG im System des Zivilprozeßrechts, JZ, 1970, 311~312쪽 참조.

66) 이 논의에 관해서는 BT-Drucksache 7/5251, 1쪽 이하 참조.

67) 이 논의에 관해서는 BT-Drucksache 12/3487, 1쪽 이하; BT-Drucksache 13/1930, 1쪽 이하; BT-Drucksache 13/7778, 95쪽; BT-Drucksache 13/9323, 1쪽 이하 등 참조.

68) 이에 대해 자세한 현황은 김철용, 「우리나라 집단소송법의 제정을 위한 독일공법분야의 단체소송 운용실태에 관한 고찰」, 일감법학 제3권, 1998, 4쪽.

69) 연방자연보호법의 단체소송도입 과정에 관한 자세한 설명은 Schmidt/

(2) 인권실현과 확산이익의 충족

독일의 단체소송법의 발전에서 볼 때 단체소송은 시장에서 공정경쟁의 보장, 그리고 환경보호 등에서 볼 수 있듯이 적어도 공익(öffentliches Interesse) 개념의 레토릭에 포섭될 수 있는 이익들을 실현하기 위한 소송모델로 성장해 있다고 볼 수 있다. 하지만 이 때 공익 개념에 의해 보호되는 이익은 순전히 공익만은 아니다. 이를테면 시장의 공정경쟁 보호를 통해 수많은 소비자의 이익을 보호하고, 자연보호를 통해 '간접적으로' 수많은 개인의 이익을 보호하기 때문이다. 여기서 집단적 사익의 '간접적' 보호라고 한 점은 독일의 단체소송제도에서는 손해배상청구권에 대해 단체소송권을 인정하지 않고 있고, 피해자가 배상을 받으려면 지금과 같은 별도의 민사소송절차가 필요하기 때문이다.[70] 이 점은 2006년에 제정된 우리나라의 소비자기본법에서도, 소비자단체의 반대와 비판이 있지만, 같은 태도를 취하고 있다.

[한국의 소비자단체소송] 2006.8.29. 소비자보호법 전부개정안[71] 이 국회 본회의에서 통과됨에 따라 우리나라에도 소비자단체소송이 도입되어 2008.1.1.부터 시행되게 되었다. 소비자단체소송이란 사업자의 행위가 소비자의 생명·신체 또는 재산에 대한 권익을 직접적으로 침해하고 그 침해가 계속되는 경우, 법원에 이와 같은

Zschiesche/Rosenbaum, Die naturschutzrechtliche Verbandsklage in Deutschland, 2004, 3쪽 이하 및 11쪽 참조.

70) 박장수, 「공익소송제도」, 공익소송위원회 3월 월례회자료, 2003.3.20, 4쪽.

71) 이 개정으로 우선, 「소비자보호법」이라는 명칭이 「소비자기본법」으로 변경되었다. 또한 '한국소비자보호원'은 '한국소비자원'으로 변경되었고, 소비자정책의 집행기능을 재정경제부에서 공정거래위원회로 이관하였다.

행위의 금지·중지를 구하는 소송형태를 일컫는다(소비자기본법 제70조).

① 원고적격 소비자단체소송을 제기할 수 있는 원고적격은 ⓐ 소비자기본법 제29조의 규정에 따라 공정거래위원회에 등록한 소비자단체로서 ⅰ) 정관에 따라 상시적으로 소비자의 권익증진을 주된 목적으로 하는 ⅱ) 정회원의 수 1천명 이상의 단체로서 ⅲ) 제29조의 규정에 따른 등록 후 3년이 경과한 단체, ⓑ 「상공회의소법」에 따른 대한상공회의소, 「중소기업협동조합법」에 따른 중소기업협동조합중앙회 및 전국 단위의 경제단체로서 대통령령이 정하는 단체, ⓒ 「비영리민간단체 지원법」 제2조의 규정에 따른 비영리민간단체로서 ⅰ) 법률상 또는 사실상 동일한 침해를 입은 50인 이상의 소비자로부터 단체소송의 제기를 요청받고, ⅱ) 소비자의 권익증진을 단체의 목적으로 정관에 명시한 후 최근 3년 이상 이를 위한 활동실적이 있으며, ⅲ) 단체의 상시 구성원 수가 5천명 이상이고, ⅳ) 중앙행정기관에 등록되어 있는 단체에 인정된다(소비자기본법 제70조).

② 단체소송의 요건과 허가절차 이와 같은 단체가 소장과 함께 소송허가신청서를 제출하는 경우 ⓐ 물품 등의 사용으로 인하여 소비자의 생명·신체 또는 재산에 피해가 발생하거나 발생할 우려가 있는 등 다수 소비자의 권익보호 및 피해예방을 위한 공익상의 필요가 있고, ⓑ 소송허가신청서의 기재사항에 흠결이 없으며, ⓒ 소제기단체가 사업자에게 소비자권익 침해행위를 금지·중지할 것을 서면으로 요청한 후 14일이 경과한 때에는 법원이 결정으로 단체소송을 허가한다(제74조).

③ 판결의 확정과 그 효과 원고의 청구를 기각하는 판결이 확정된 경우, 다른 단체는 이와 동일한 사안에 관하여 단체소송을 제기할 수 없는데 단, ⓐ 판결이 확정된 후 그 사안과 관련하여 국가 또는 지방자치단체가 설립한 기관에 의하여 새로운 연구결과나 증거가 나타난 경우, 또는 ⓑ 기각 판결이 원고의 고의로 인한 것임이 밝혀진 경우는 예외로 한다(제75조). 우리나라의 소비자단체소

> 송에 있어서도 독일의 경우와 마찬가지로 손해배상을 구하는 단체소송은 인정되고 있지 않다.

하지만 바로 그런 점에서 단체소송은 —미국의 부권소송에 비해— 더욱 공익소송화되었다고 말할 수 있다. 다만 여기서 공익 개념은 존재론적인 것이 아니라 수사학적인 것임에 주의해야 한다. 즉 단체소송이 소송주체의 인식에서 공익으로 보이는 것들을 단지 관철하는 제도적 방편이 되는 것이 아니라, 단체소송의 전개과정 그 자체가 바로 소송주체가 바라보는 공익성에 대한 공론을 형성하고, 타당성 경쟁을 펼치는 의사소통적 과정이 된다고 보아야 한다.

아울러 단체소송이 목표로 하는 소비자보호나 환경보호 등 이른바 소비자주권이나 환경권 등 새로운 권리들은 앞으로도 좀더 확대되고 촘촘히 짜여져야 하는 '미완성'의 권리임을 간과해서는 안 된다. 즉, 단체소송에 의한 권리확인은 인권형성적 측면을 매우 강하게 가진다는 것이다. 바로 이런 점에서도 단체소송은 공익소송의 '인권실현'이라는 요소를 집단소송에 비해 좀더 많이 충족한다고 볼 수 있다.

(3) 소송주체의 공익성

독일의 단체소송이 공익소송으로서 기능할 가능성은 미국의 부권소송이나 집단소송보다 한층 더 높다. 독일의 단체소송은, 민사소송법이나 행정소송법과 같은 절차법에서 일반적 소송의 한 형태로 규정된 것은 아니고, 단체소송의 인정범위를 일반적인 민사소송이나 행정소송에까지 확장시키는 것도 허용되지는 않지만, 단체소송은 직접적으로 권리를 침해받은 사람으로부터 수권을 받을 필요 없이 단체가 직접 소송을 제기할 권한을 갖기 때문이다. 바로 그렇기 때문에 피해자집단의 당파성에서 어느 정도 자유로울 수 있고, 또한 집단소송보다도 공익실현의 궤도에서 이탈하지 않은 채 집단적 사익을 보호할 가능성도 열린다. 따라서 당사자적격을 인정받는 피해집단 밖의 단체가 어떻게 인정되느냐에 따라 단체소송의 공익소송화는 좌우된다. 이에 대해 독일은 법률에서 단체소송을 제기할 수 있는 단체의 자격을 규정한다.

[독일의 단체소송자격] 첫째, 독일의 부정경쟁방지법(UWG) 제8조 제3항은 부정경쟁행위를 한 자와 경쟁관계에 있는 자나 동종 또는 유사한 영업을 행하는 자들로 구성된 영업자단체 및 일정한 요건(제3호)을 갖춘 소비자단체에게 제소권을 부여한다. 단체소송권이 인정되는 소비자단체는 ① 부작위소송법(Gesetz über Unterlassungs- klagen bei Verbraucherrechts- und anderen Verstößen) 제4조에서 규정하는 단체목록에 또는 ② 유럽의회지침(Richtlinie 98/27/EG) 제4조에서 정한 단체목록에 등재되었다는 사실을 입증한 단체이다. 부작위소송법에서 규정하고 있는 단체목록은 매년 독일 연방행정청(Bundesverwaltungsamt)이 등재를 원하는 단체의 신청을 받아 심사・작성한다. 등재를 원하는 단체는 권리능력이 있어야(rechts- fähig) 하고 비영리의 소비자 이익 보호가 이 정관의 주요목적이어야 하며, 소비자보호의 목적분야에서 활동 중인 단체이거나 적어도 자연인 75명 이상의 회원을 갖추고 1년 이상 지속되어 온 단체로서 지금까지의 활동에 미루어 소비자이익보호의 과제를 적절히 수행할 수 있을 것이라고 판단되는 단체이어야 한다. 이 단체목록은 유럽공동체위원회(Kommission der Europäischen Gemeinschaften)에 제출되고 연방행정청의 요건 심사는 사법부의 감독 아래에 놓인다. 유럽공동체 지침상의 단체목록은 유럽공동체위원회가

작성하는 것으로서 유럽공동체 내부에서 발생하는 소비자보호에 관한 유럽공동체의 지침 위반에 대해 조치를 취할 수 있는 회원국 내의 단체가 등재된다. 각국법(예: 독일의 부작위소송법)상의 단체 목록이 유럽공동체위원회에 제출되기는 하지만 위원회가 작성하는 단체목록이 그것과 완전히 일치하는 것은 아니다.

둘째, 보통거래약관법(AGBG) 제13조도 단체소송권을 규정하는데 부정경쟁방지법의 요건과 거의 같으나 소비자단체의 최소존속기간이라는 요건이 없고, 특정한 단체목록에 등재될 것을 요하지 않는다는 점이 다르다. 또한 상인 사이에서 약관이 사용된 경우에는 단체소송을 제기할 수 없다.

셋째, 연방자연보호법(BNatSchG)은 같은 법에 제59조에 의해서 승인된 단체만이 단체소송권을 갖는다고 규정한다. 이 승인을 받기 위해서는 1) 자연보호가 해당 단체의 정관상 유일한 목적 혹은 주된 목적이어야 하고 2) 한 주 이상에 해당하는 단체의 활동범위를 갖고 있고, 3) 적어도 3년간 존속해온 단체로서 승인시점에 자연보호활동에 종사해야 하고, 4) 활동내용, 단체의 구성원, 단체의 업무역량 등에 비추어 자연보호활동을 충실히 수행할 수 있고 또한 5) 단체에의 가입이 자유로워야 한다. 하지만 승인을 받은 단체라고 해서 무제한적으로 단체소송을 제기할 수 있는 것은 아니다. 승인단체는 단체소송의 전단계로서 환경에 영향을 미치는 행정결정과정에 참가하여 정책에 대하여 의견을 개진하고 관련 자료를 열람할 행정절차참가권을 갖는데 이 권리를 실제로 행사한 단체나 권한이 있지만 의견을 개진할 기회를 부여받지 못한 단체만이 보충적으로 단체소송을 제기할 수 있다.

독일의 단체소송자격을 개관하고 종합해 보면, 한편으로는 ① 공익목적의 정관, 공익목적의 (인적, 물적) 수행능력과 그것을 입증하는 활동업적, 그리고 다른 한편으로는 ② 비영리성과 시민의 자유참여로 요약할 수 있다. 전자(①)는 단체소송주체의 '공익성'을 요구하는 것이라면, 후자(②)는 '시민성'을 요구하는 것[72]이라 해석할 수 있다. 물론 공익성과 시민성은 서로 분리되지 않는다. 시민성의 토대 위에서 공익 개념은 지속적으로 반성되고, 변화·발전해 나갈 수 있고, 시민성 또한 공익성에 지향되지 않고는 온전할 수 없기 때문이다.

2. 단체소송의 공익소송화 한계

그러나 이와 같은 단체소송도 공익소송으로 기능하는 데에는 인식론적, 사회적 한계가 있다.

(1) 시민성의 한계

먼저 소송주체의 공익성 한계가 언제나 문제로 남는다. 위에서 본 바와 같이 단체소송에서는 피해자집단 밖의 제3자가 당사자적격을 인정받기 위한 전제로서 공익성을 요구하고, 나름으로 공익성을 확보하기 위한 테두리 조건들을 설정하고 있지만, 공익성의 요청은 완전하게 실현되기가 어렵다. 공익소송으로서 단체소송은 민주적 법치국가의 입법기제나 사법체계의 민주적 권리실현기능이 완전하지 못한 결함을 메우는 기제로 기능해야 한다면, 단체소송의 주체는 시민적 공론을 형성하고 전달하는 헤르메스(hermes)로서 자리매김 되어야 한

72) 공익성과 시민성의 요구와 비슷한 단체소송이 단지 재산권의 주체로서 시민(bourgeois)이 아니라 전체 사회에 대해 책임의식을 갖고 정치적 의사형성에 능동적으로 참여하는 시민(citoyen)을 지향한다는 이해(이에 관해 Halfmeier, Popularklagen im Privatrecht, 2006, 특히 377쪽 아래 참조)를 참조.

다. 이런 헤르메스로서의 정체성은 예컨대 관료조직에 의해 심사받고, 등록되는 방식으로 확인될 수가 없다. 그렇다고 모든 판단을 시민사회에 맡겨 놓을 수도 없다. 그런 정체성은 객관적으로 인식할 수 있는 고정된 크기의 확고한 실체로 존재하는 것이 아니기 때문이다. 이런 딜레마는 어쨌든 실천적으로는 최대한 공익성을 시민성으로 재해석하고, 시민성을 강화하기 위한 요건을 설정함으로써 완화될 수는 있을 것이다. 가령 독일의 법령에서 요구하는 바, 즉 시민의 자유가입과 탈퇴가 허용되는 단체이거나 비영리적 단체일 것에 대한 요구를 넘어서, 그 운영의 재정적 기반이 —현실적으로는 전체재정의 70~80% 이상— 시민들의 기부에 의해 이루어지는 등[73]의 요건이 추가되어야 한다. 그러나 우리나라의 시민단체와 그 시민운동의 현실을 보면 이런 정도로 재정적 기반의 시민성을 갖춘 시민단체는 거의 1개의 단체도 존재하지 않는다.

(2) 집단적 사익의 보장요구와 공익화의 딜레마

또 하나 단체소송은 소비자 등 개인의 피해를 '직접' 배상해 주는 제도로 기능하지 않는다. 물론 이 때문에 단체소송이 공익소송이 되지 않는 것은 아니다. 단체소송으로 보호되지 않을 경우 감수해야 하는 소비자나 개인들의 피해는 상대적으로 적고, 일탈행위와의 인과관계도 파악하기 어렵고, 피해에 대한 보상도 많은 사람들에게 돌아가는 성격이 있다. 바로 그런 점에서 집단소송보다도 단체소송은 좀 더 '확산이익'이라는 공익소송의 요소를 충족할 수 있다. 다만 그런 확산이익의 침해를 소송에 의해 개개의 피해자들에게 직접 전보시켜

---

73) 이에 대해서는 앞의 [3].III.2. 참조.

주느냐는 별개의 문제이다.

현재 독일이나 우리나라의 단체소송 제도에는 손해배상 규정이 별도로 없다. 따라서 당초에는 단체소송보다는 집단소송의 도입이 특히 소비자단체로부터 선호되고, 또한 주장되기도 하였다. 집단소송에 의하면 소송 당사자가 아니더라도 동일한 피해를 입은 소비자라면 자동으로 손해를 전보받을 수 있기 때문이다. 하지만 이런 주장은 단체소송만으로도 기업활동이 크게 위축될 것이므로 손해배상 규정까지 두는 것에 반대하는 경제계의 입장과 맞부딪친다.

여기서 기업활동의 활성화와 개별 소비자의 보호라는 두 이익은 미시적으로는 부딪히지만 거시적으로는 조화될 수도 있다고 보아야 한다. 왜냐하면 기업이 성장하지 않고, 소비자에게 돌아갈 이익이 커지거나 유지되기는 어려우며, 거꾸로 소비자의 이익을 생각하지 않는 기업활동은 의미가 없을 뿐만 아니라 경제적으로도 지속적인 성장을 하기 어렵기 때문이다.

그러므로 단체소송에 집단소송과 같은 손해배상의 기능을 결합시킬 것인가의 여부에 따라 단체소송의 공익성, 공익소송적 성격이 좌우되는 것은 아니다. 그것은 오로지 정책의 문제이다. 결합시킬 경우 단체소송은 집단적 사익을 공익의 개념으로 포장하고, 그것을 관철하는 도구로 전락할 위험이 크다. 더 나아가 그런 위험은 단체소송의 주체들이 보여주고 있는 '부족한 공익성'이나 '매우 부족한 시민성'을 고려해 보면 우리사회에서 매우 크다고 볼 수 있다. 그러므로 피해자의 직접 배상은 근대적인 책임법의 원리를 수정해 가면서 소비자의 피해를 보전하기 쉽게 해놓고 있는 제조물책임법에 의해서 행하고, 단체소송은 간접적으로 그러한 피해야기행위가 반복되지 않도록 통제하고 기업의 생산방식이나 영업활동방식을 다른 방향으로 변화해가도록 유도하고 조종하는 기제로 기능하는 것이 바람직하다.

IV. 요 약

지금까지 살펴본 공익소송의 모델들이 공익소송의 세 가지 구조적 요소를 충족시키는 정도를 요약해 보면 아래 표처럼 정리할 수 있다. 표에서 ×는 거의 충족하지 못함을, △는 약간, 그리고 ○는 충족함을 표시하며, 같은 등급에서는 △보다 ▲가, ○보다 ●가 좀더 많이 충족함을 표시한다.

소송형태 / 공익소송요소	공동소송	선정당사자 소송	집단소송	부권소송	단체소송
인권실현	×	×	○	○	○
확산이익	×	×	○	●	○
공익주체	△	▲	▲	○	●

중요한 차이를 보면 집단소송은 공동소송이나 선정당사자 소송과는 달리 인권실현과 확산이익 측면에서는 한 단계 더 많이 충족하지만 주체의 공익성 측면에서는 단계적 차이가 없다. 부권소송은 확산이익의 측면에서 집단소송보다 약간 더 많이 충족하고, 주체의 공익

성 측면에서는 집단소송보다 한 단계 더 많이 충족하지만 단체소송보다는 약간 덜 충족한다. 가장 공익소송의 요소를 많이 충족하고 있는 단체소송마저도 인권실현의 기능은 이를테면 인권운동이나 시민불복종운동보다 상대적으로 덜 하다고 볼 수 있고, 이 점 때문에 인권실현의 요소는 어떤 소송모델에서도 최고의 충족도(●)를 보여주지는 못한다.

[5] 공익소송의 미래기획

공익소송이 원시적인 형태인 공동소송이나 선정당사자소송, 발전된 형태인 집단소송이나 부권소송 그리고 좀더 완성된 형태인 단체소송 가운데 어떤 형태로 펼쳐지든 간에 공익소송의 기획은 사적 자치(Privatautonomie)의 기반 위에 서 있는 법패러다임에 구조적인 변화를 가져온다. 그런 변화의 핵심은 크게 (1) 소송구조의 변경, (2) 법원의 역할변화 그리고 (3) 책임귀속의 변형 등으로 요약해볼 수 있다. 공익소송이 제도적으로 정착될 것인지는 이런 요소의 변화가 민주적 법치국가의 법체계에 전승되어 온 법원칙이나 법가치 또는 (소송)패러다임 등과 어떻게 정합성을 이루어 나아갈 수 있는지에 좌우될 것이다.

I. 소송구조의 공익화

이미 설명한 바와 같이 확산이익의 요건을 충족하는 데 있어 먼저 개인소송의 형태는 공익소송을 실현하는 소송모델이 되기에 부적합하다. 이에 비해 공동소송이나 선정당사자 제도, 집단소송제, 단체소송 등은 공익소송을 추구하는 소송형태가 될 수 있다. 선정당사자 제도를 활용하고 있는 일본의 예를 고려해볼 때 집단소송제나 단체소송만을 공익소송의 모델이 될 수 있다고 보는 것은 성급한 결론일 수도 있다.

[선정당사자제도에서 한일법비교] 일본의 선정당사자제도와 우리의 선정당사자제도는 크게 보면 매우 비슷하다. 다만 몇 가지 차이가 있는데, 그 중요한 내용으로는 ① 먼저 소송이 계속되는 동안 선정당사자가 아닌 사람이 그 소송의 원고 또는 피고를 자기를 위한 선정당사자로 선정하는 것이 가능하다는 점,[1] ② 이미 선정당사자가 선정되어 소송이 진행되는 과정에서 새로운 당사자가 기존 소송의 선정당사자를 자신의 선정당사자로 지명하면서 소송에 참여할 수 있다는 점[2]을 들 수 있다.

집단소송제나 단체소송도 나름의 공익화한계를 갖고 있고, 예측할 수 없는 부작용도 일어날 수 있기 때문이다. 그러므로 공익소송의 기획은 특정 소송형태를 전용하는 선택에 의해서가 아니라 일단은 어떤 소송형태에 의해서도 추진될 수 있다는 가능성을 열어놓는 것이 현명하다. 그런 열린 공간에서 문제의 중점은 소송형태의 선택으로부터 소송이라는 프로그램을 어떻게 공익화할 수 있느냐 하는 문제로 옮아오게 된다.

1) 일본 민사소송법 제30조 제3항 참조.

2) 일본 민사소송법 제144조 참조.

1. 원고적격의 정치화와 시민화

가령 많은 시민단체들이 주장하는 바와 같이 집단소송을 공익소송의 모델로 삼으면, 예컨대 사법의 지나친 정치화가 초래될 위험이 일어날 수도 있다. 또한 집단소송제보다 더 공익화된 소송형태, 특히 원고적격을 피해자와 전혀 무관한 공익(성)을 자처하는 집단에까지 인정하는 소송형태는 한편으로는 공익성을 강화할 가능성을 갖지만 다른 한편으로는 그만큼 더 사법을 정치화할 위험을 증대시킨다. 그렇기 때문에 공익소송의 정치화 위험을 방지하는 기제가 전무한 현재의 실정에서 예견되는 현상, 좀 극단적인 예이지만 '하나의 법률사무소마다 적어도 하나 이상의 공익소송 갖기' 현상[3]이 결코 지나친 염려는 아닐 수 있다.

(1) 공익화의 배후로서 원고적격의 확대

물론 공익소송이 근대적 소송의 구조에서 인권의 생성과 실현에 있어 갖는 흠결을 보완하기 위한 탈근대적 기획을 갖고 있다는 점에서, 근대소송이론에서보다 원고적격을 넓게 인정할 필요성이 어느 정도 인정되는 건 사실이다. 또한 아래의 예들에서 보듯 선진각국[4]에

---

3) 지금도 공익소송을 표방하는 소송을 수행하는 법률사무소의 홈페이지는 그것을 공지(광고?)하는 내용이 적지 않다. 공익소송법이 현실화된다면 경쟁적으로 공익소송을 전개할 것이고, 그 경우 홈페이지의 팝업창은 공익소송 홍보페이지로 장식될 것이다.

4) 미국이나 일본 이외에, 캐나다에서도 판례는 전통적 의미에서 직접적으로 개인적 이익과 연결되어 있던 '원고'의 이익을 합법적 행정의 이익으로 바꿈으로써 원고적격요건을 확장하였다. 호주나 뉴질랜드에서도 환경이나 보건관련영역에서 부상하는 공익적 쟁점들을 다룰 수 있도록 원고적격은 확장되고 있다고 한다. 이에 대해 자세히는 D. Feldman, "Public Interest

서 원고적격의 범위는 이미 오래 전부터 점차 확장되는 경향이 일반적이기도 하다.

[미국 판례법에서의 원고적격 확대] 미국에서 원고적격을 어느 범위까지 인정할지의 문제는 연방헌법상의 '사건 또는 쟁송(case or controversy)'[5]의 개념과 연방행정절차법 상의 규정에 대한 해석에 달려 있다. 곧, 원고적격이 행정행위에 의하여 '법률상의 권리(legal right)' 내지 '법적으로 보호된 이익(legally protected interest)'이 침해된 자에게만 국한되는가, 아니면 '사실상 불이익을 받은(adversely affected in fact)' 경우 내지 '사실상의 침해'를 입은 경우에도 인정될 수 있는가의 문제인 것이다.[6]

① 1939년 Tennessee 전력회사사건[7]에서 법원은 법적 권리심사(Legal right test)에 따라, 해당 사건에서 문제되는 권리는 법률상의 권리가 아니므로 원고적격을 인정할 수 없다고 보았다. 이렇듯 법적으로 보호되는 이익에만 한정하는 이론은 원고적격이 인정되는 범위를 지나치게 제한하여, 법적인 보호이익이 존재하는지 여부를

Litigation and Constitutional Theory in Comparative Perspective," The Modern Law Review 제55권, 1992, 52쪽.

5) 미국헌법 제3절 제2조 제1항("The judicial Power shall extend to all Cases, in Law and Equity, arising under this Constitution, the Laws of the United States, and Treaties made, or which shall be made, under their Authority; to all Cases affecting Ambassadors, other public ministers and Consuls; to all Cases of admiralty and maritime Jurisdiction; to Controversies to which the United States shall be a Party; to Controversies between two or more States; between a State and Citizens of another State; between Citizens of different States; between Citizens of the same State claiming Lands under Grants of different States, and between a State, or the Citizens thereof, and foreign States, Citizens or Subjects.")

6) 서원우, 「미국판례법상의 원고적격법리」, 서울대학교 법학 제18권 제1호, 24쪽.

7) Tennessee Electric Power Co. v. TVA, 306 U.S. 118 (1939).

판명하기 위해 본안심사를 반드시 거쳐야 한다는 문제점이 드러났다.[8] 한편 ② 1940년의 Sanders Brothers 사건[9]은 신규 방송국 설치를 연방통신위원회(Federal Communications Commission)가 허가함으로 인해, 경제적 손해가 발생했다는 이유로 기존 방송업자가 제소한 사건이다. 이 사건에서 법원은 이전의 판결과는 달리 정부기관의 허가로 인해 경제적 손해를 입은 당사자는 사법심사를 청구할 만한 충분한 이익을 가진다고 하며 원고적격을 인정하였다. ③ Ickes 사건[10]은 사실상 공익소송으로 발전하게 되는 또 다른 전환점이 된다. 이 사건에서 Frank판사는 이른바 '사적 법무장관(Private Attorney General)' 이론을 주장하면서 의회는 공중의 이익을 지키기 위해 소를 제기할 권리를 일반 사인에게 부여할 수 있다고 하였다. 이후 ④ 1946년 행정절차법에서는 '사실상 불이익을 받은(adversely affected in fact)' 사실을 입증한다면 원고적격이 인정되도록 원고적격의 범위를 명시하고 있다.[11]

[일본 오다큐선소송에서 원고적격의 확장] 일본에서도 원고적격을 확대하기는 마찬가지이다. ① 특히 2005년 4월부터 시행된 개정 행정사건소송법은 원고적격의 유연화를 분명히 하고 있다. 행정사건소송법 제9조 제1항[12]에서는 원고적격에 대해 "처분 또는 재

8) 차상붕, 「미국의 납세자의 원고적격법리에 관한 검토」, 미국헌법연구 16권, 미국헌법학회, 2005, 234쪽.

9) FCC. v. Sanders Brothers Radio Station, 309 U.S. 470 (1940).

10) Associated Industries of New York State, Inc. v. Ickes, 134 F. 2D 694 (1943).

11) 5 U.S.C. §702("A person suffering legal wrong because of agency action, or adversely affected or aggrieved by agency action within the meaning of a relevant statute, is entitled to judicial review thereof.")

12) 処分の取消しの訴え及び裁決の取消しの訴え (以下 「取消訴訟」という。) は、当該処分又は裁決の取消しを求めるにつき法律上の利益を有する者 (処分又は裁決の効果が期間の経過その他の理由によりなくなつた後においてもなお処分又は裁決の取消しによつて回復すべき法律上の利益を有する者を含む。) に

결의 취소를 구하는 법률상의 이익을 가진 자"라고 정하고 있다.[13] 개정법에서는 제2항[14]을 붙여 "법률상의 이익"에 대한 해석규정을 신설하였다.[15] 즉 법원은 법률상의 이익의 유무를 판단하는 데 있어서는 당해 "처분이나 재결의 근거가 되는 법령과 관련된 법령의 취지나 목적 및 당해 처분에 있어 고려해야 할 이익의 내용이나 성질을 고려한다"라고 하면서, 이 경우 당해 처분 또는 재결이 그 근거가 되는 법령에 위반된 경우에 "실제로 받은 손해의 내용이나 성질, 상태, 정도를 감안한다"라고 정하고 있다. ② 이러한 법률개정의 흐름과 맞물려 일본에서 최근 원고적격의 확대에 큰 획을 긋는 사건이 있었는데, 바로 小田急高架訴訟(이하 오다큐선소송)이다. 이는 도쿄의 전철회사인 오다큐선이 공사를 하면서 국가의 사업인허가와 관련하여, 공사장 주변의 시민들과 위법성의 유무를 둘러싼 재판이었는데, 쟁점이 된 사안은 도시계획법에 기초하여 도로나 철도의 설치인가에 대해 위법성을 물을 수 있는 원고자격의 범위에 대한 것이었다. 종래에는 "사업지 내의 地權者"에 한해 원고적격을 인정하였으나 오다큐선 판결로 주민 40명 중 환경영향평가의 대상지역 내의 37명이 원고적격을 인정받았다.[16] 최고재판소는 이 사안의 판결문에서 도로나 철도의 설치인가에 대해 도시계획법

限り、提起することができる。

13) 宇賀克也,『改正 行政事件訴訟法』, 青林書院, 2006, 43~52쪽.

14) 裁判所は、処分又は裁決の相手方以外の者について前項に規定する法律上の利益の有無を判断するに当たつては、当該処分又は裁決の根拠となる法令の規定の文言のみによることなく、当該法令の趣旨及び目的並びに当該処分において考慮されるべき利益の内容及び性質を考慮するものとする。この場合において、当該法令の趣旨及び目的を考慮するに当たつては、当該法令と目的を共通にする関係法令があるときはその趣旨及び目的をも参酌するものとし、当該利益の内容及び性質を考慮するに当たつては、当該処分又は裁決がその根拠となる法令に違反してされた場合に害されることとなる利益の内容及び性質並びにこれが害される態様及び程度をも勘案するものとする。

15) 이에 대한 자세한 평가는 高木 光,『行政訴訟論』, 有斐閣, 2006, 76쪽.

16) 朝日新聞 2005.12.8.

외에 공해대책기본법이나 도의 환경영향조사평가조례의 취지나 목적도 포함시켜 고려해야 한다고 판시하였다. 이 외에도, 소음이나 진동 등에 의한 건강 또는 생활환경에 현저한 피해를 직접적으로 받을 염려가 있는 사람은 원고적격이 있다는 결론을 이끌어 내고 있다. 구체적인 원고적격의 범위에 대해서는 환경영향평가 대상지역의 거주여부에 따라 선을 긋는 방법을 택했다. 이러한 판결은 개정 행정사건소송법에 의해 "인허가 등의 근거가 되는 법률 문언만이 아니고, 관련법령의 취지나 목적 등 여러 요소를 고려"하라는 신규정을 적용한 첫 번째 사례이다. 즉 일본 최고재판소는 원고적격의 범위를 "법률상 이익이 있는 사람에 한한다"라는 기본적 생각을 유지하면서, 개정법에 의해 여러 요소를 유연하게 해석하여 원고적격을 넓게 인정한 것이다.

이러한 원고적격의 확대는 단체소송(Verbandsklage)이 피해자에 대한 손해배상청구권을 직접 관철시켜 주는 제도로 짜여질 경우에 그 정점에 이른다고 할 수 있다. 그렇다면 단체소송에서처럼 피해자집단 밖의 제3자에게 공익의 목적에서 당사자적격을 인정하는 것이 현대 소송법의 흐름, 즉 원고적격의 확대라는 현상 속에서 정당한 것이라고 바꿔 말할 수도 있을 것이다. 그러나 이런 흐름은 앞서 본 것처럼 사법이 정책을 법 속에 내재화시키는 수준을 넘어서 지나치게 정치화되는 위험을 낳는다.

(2) 시민성의 동적 형성과 원고적격

그 위험은 무엇보다도 공익성의 불명확성, 특히 공익소송주체의 공익성 요건이 매우 충족되기 어렵다는 데서 비롯된다. 바로 그렇기 때문에 원고적격을 얻는 과정을 공익소송을 수행하려는 주체들이 최소한의 '시민성'을 얻어가는 과정으로 자리매김 시킬 필요가 있다.

즉 원고적격이 있는 피해자들로부터 소송대리권한을 부여받는 과정은 피해자 개인에게는 큰 규모의 손해가 아니더라도 공익을 위해 그 소송이 필요함을 '논증적으로' 설득시키는 과정이 될 수 있으며, 또한 그래야 한다는 것이다. 이 과정은 공익소송의 주체임을 표방하는 자의 주관적인 공익성 확신이 상호주관적인 확신으로 성장해가는 첫 단계라고 할 수 있다.

그런 설득이 실패했다는 것은 공익소송주체임을 표방하는 자가 생각하는 공익성에 대한 주관적 확신이 시민성의 기반 위에 설 수 없음을 의미한다. 피해자 개인의 특수한 사정으로 논증적 설득이 어려울 수 있다는 우려도 이런 시민성요청의 타당성을 제거하지는 못한다. 왜냐하면 공익소송은 확산이익의 표지를 충족해야 하고, 이는 개별피해는 작아도 피해자집단은 커야 하므로, 공익에 대한 상호주관적 확신 아래서 원고가 됨을 수락할 수 있는 피해자는 얼마든지 있을 것이기 때문이다.

그러므로 원고적격을 피해자집단과 분리시켜 공익소송수행을 자처하는 자에게 독자적으로 인정하는 것은 타당하지 않다.

2. 판결의 공익성

공익소송에서 판결의 공익성은 소송당사자가 아닌 피해자에게 또는 심지어 직접적인 피해자가 아닌 일반 소비자에게 판결의 효력을 미치게 함으로써 확보되곤 한다.

(1) 판결의 규범적 효력

먼저 공익소송의 (특히 집단소송에 비해) 독자적인 소송모델을 구성하는 또 다른 요소로서 공익소송의 판결에 대해 분쟁해결기능을 넘어서 '(준)규범적 효력'을 부여하는 방법이다. 가령 모든 피해전보절차가 —집단소송에서는 분배절차가— 종료된 후에 뒤늦게 자신이 피해자임을 알고 배상금수령을 신청한 사람에게도 시간의 제약을 두지 않고[17] 그 손해를 전보해야 하는 효력을 인정하자는 것이 그것이다. 즉 소송에 참여하지 않은 사람들이라도 피해자집단에 속하는 자로서 특별히 제외신고를 하지 않은 자들에게는 기판력이 미친다는 논지이다.[18] 하지만 이런 의미의 규범적 효력은 뒤늦은 청구에 대해 손해전보를 해주는 공익기금이 형성될 때에야 현실화될 수 있을 것이다. 그리고 어떻게 공익기금을 형성할 것인가는 여전히 수많은 논의를 남겨 놓는다.

(2) 공익판결의 전제로서 민주성과 전문성

또한 이처럼 구성원의 수가 많으면서 경우에 따라서는 집단에 속하는지 여부가 불확실한 경우가 많을 수 있다. 그 경우 배상액의 분배는 매우 어려운 과제가 된다.

1) 유동적 배상의 방법　　배상의 효과가 미치는 소비자를 특정하고 구체화하는 것은 쉽지 않은 과정이기 때문에 소비자 집단소송에서의 배상판결은 고비용이 들 수밖에 없다. 소비자들이 입은 모든

---

17) 증권관련 집단소송법 제53조는 수령기간 후 6개월 이내에 추가 수령 기회를 부여하고 있다.

18) 김주영, 「공익소송활성화를 위한 세노석 방안 — 이번에 도입되는 증권집단소송제도를 중심으로」, 조영래 변호사 8주기 추모 심포지엄 <공익소송의 어제와 오늘> 자료집, 1998.12.12, 17쪽.

손해의 총액을 환산하였다 하더라도, 소비자 집단은 손해배상의 총액 중에서 자신에게 할당되는 비율을 입증하는 데 실패하기 마련이다. 이렇듯 '청구되지 않은 기금(unclaimed funds)' 또는 '잔여재산(residue)'은 집단의 구성원이 특정될 수 없거나, 특정된 소비자들이 자신들의 분배액을 경시하여 수령하지 않을 때 발생한다.[19]

이러한 잔여기금의 최종적인 분배문제는 Market Street Railway Co. v. Railroad Commission 사건[20]에서 쟁점화되었다. 원고는 수수료 비율의 부당한 책정에 반대하기 위해 소송을 제기하였는데, 법원은 초과액에 해당하는 운임비용 총액을 특정된 승객들에게 반환하도록 명령하고, 청구되지 않은 기금은 모든 승객들에게 이익이 되도록 철도 시스템의 향상에 쓰이도록 하였다.

또한 법원은 소비자 집단에 대한 화해 또는 판결을 통해 얻어진 청구되지 않은 기금의 잔여를 배분할 적절한 수단으로서 유동적 배상절차를 고안하였다. 유동적 배상절차를 통해, 개개의 집단 구성원들에게 직접적으로 분배되지 못한 기금의 비율은 "다음의 가장 최선인(next best)" 사용을 위해 남겨두고, 가능한 많은 집단 구성원들의 이익을 위해 활용되도록 해야 한다는 것이다. 따라서 이 절차는 피고가 불법적으로 얻은 이익을 어떻게 해서든 배상하도록 보장한다. 유동적 배상은 특정될 수 없거나, 소송을 제기할 수 없어 집단소송을 통해 배상액을 반환받을 수 없는 사람들에게 간접적인 이익을 제공해 준다.

---

19) James R. McCall, "Greater Representation for California Consumers — Fluid Recovery, Consumer Trust Funds, and Representative Actions," 46 Hastings L.J. 797, March 1995.

20) Market Street Railway Co. v. Railroad Commission, 171 P.2d 875 (Cal. 1946).

2) 공익판결에서 법원의 역할한계 그러나 유동적 배상절차는 원고 對 피고의 양 당사자 대립구도를 이탈하고 있어 민사소송 내에 포섭하기 어려우며, 비송사건의 경우와 마찬가지로 법관 또는 법원의 역할이 중요시되므로 이를 운영하기 위해서는 특별보조법관(special master)이나 준법관(magistrate)과 같은 제도적 보완이 필요하므로, 법원의 권한을 벗어난 제도라는 비판을 받는다고 한다.[21] 그러나 이런 비판보다 더 중요한 점이 있다. 그것은 공익판결이 법원과 의회 사이, 법원과 행정부 사이의 권력분립을 중대하게 훼손할 위험을 수반한다는 점이다. 첫째, 예컨대 유동적 배상의 판결은 법원의 판결을 마치 '조치법'(Maßnahme gesetz)과 유사한 위치에 놓음으로써 법원이 의회의 권능을 일부 잠식하게 만든다는 점이다. 또한 둘째, 그런 판결은 법원을 공정거래위원회와 같은 행정적 조종기구의 권능을 일부 잠식하게 만들고, 그에 따라 사법부와 행정부의 권력분립도 위태롭게 만들 수 있다는 점이다. 요약하면 민주적 법치국가의 전승된 권력분립원칙이 침해될 위험이 있다.

그러나 권력분립원칙은 현대사회에서 기능적으로 재해석될 수 있다. 특히 법원도 법형성이나 법집행의 기능을 수행할 수 있다는 점[22]을 고려하면 이러한 점은 근본적인 문제가 아니다.

그보다는 법원이 의회의 권능을 일부 잠식할 경우 그런 판결의 '민주적 정당성'을 어떻게 확보할 수 있겠는가 하는 점이다. 공익소송이 충분히 공론화와 공론경쟁의 과정을 펼쳐 놓는다면, 민주적 정

21) 함영주, 「집단소송에 관한 연구 —우리나라의 집단소송법 시안에 대한 검토를 겸하여—」, 박사학위논문, 1997, 51~52쪽.

22) 이에 대해 자세히는 이상돈, 『헌법재판과 형법정책』, 2004, 57~67쪽 참조.

당성은 확보될 것이다. 하지만 공익소송의 주체가 공익성이나 시민성이 없거나 소송의 진행이 전혀 공론형성을 가져오지 못할 경우에는 그런 판결의 민주적 정당성은 확보하기 매우 어려워진다.

다른 한편 법원이 행정부의 권능을 일부 잠식할 경우 그런 판결은 '합리성'의 시험대에 오르게 된다. 왜냐하면 법원은 전문적인 행정기구가 문제의 해결을 위해 사용할 수 있는 지식과 경험을 충분히 갖고 있지 않기 때문이다. 감정인의 도움을 받는 것으로는 한계가 있다. 예컨대 경쟁성에 대한 판단, 부당이익에 대한 판단, 가격인하의 효과에 대한 예측 등은 모두 법원이 재판과정에서 동원가능한 자원으로는 적절하게 수행하기 어려운 것일 수도 있다.

3. 소송비용의 사회적 부담

(1) 공적 부담에의 요청

공익소송의 또 다른 구성요소로 소송비용부담에 관한 특칙을 생각할 수 있다. 공익소송은 소송의 공익화, 곧 사회화되고 시민화된 성격이 있으므로 패소하는 경우에도 원고의 소송비용은 국가가 부담해야 한다는 주장이다. 물론 집단소송에서 대표당사자에게 소송비용의 전부를 부담시키게 되면 소송의 제기를 사실상 막는 것과 같은 경우가 생기게 되고 구성원에게서 징수한다는 것도 사실상 불가능한 경우가 많다. 또한 승소한 금액에서 공제하는 것도 승소금액보다 소송비용이 더 많은 경우나 공제 후 잉여금이 소액밖에 남지 않는 경우에는 소송제기 자체의 타당성에 대한 의문이 생기게 되는 것은 간과할 수 없는 사실이다.

소송비용의 문제에는 변호사의 보수문제를 어떻게 해결하는가도 관건이 된다. 모든 소송상황을 공익상 필요라는 관점에서만 본다면 변호사보수는 고려의 대상이 되지 않을 수도 있다. 그러나 변호사는 검사나 판사와 같은 국가의 공무원이 아니므로 공익소송에 관심을 가질 어느 정도의 사회적 및 경제적 유인(incentive)을 제공하면서 동시에 이러한 요소, 특히 경제적 이익추구의 측면이 지나치지 않도록 법원이 적극적으로 통제할 필요성이 있다. 만일 변호사에게 경제적인 적절한 유인과 함께 법원의 통제가 없다면, 변호사들은 사회의 주목을 받는 사건이나 승소가 보장된 사건, 패소해도 변호사보수는 확보되는 착수금과 중도금으로 거액을 받는 사건 외에는 외면하는 경향을 보일 것이기 때문이다.

(2) 공적 부담의 정치화 위험성

하지만 소송비용의 공적 부담은 공익소송의 정치화 위험을 더욱 증폭시킬 수 있다. 더욱이 그 경우 필연적으로 발생하는 이른바 '무임승차'(free rider)의 문제,[23] 즉 부담은 지지 않으면서 공익은 함께 누리려는 경향은, 사익이 안정되게 추구될 수 있는 토대마저 붕괴시킬 위험을 지닌다.[24]

---

23) 공공재가 산출될 정도로 타인들의 기여가 이미 충분하다면, 개별적 주체는 자기가 기여하지 않더라도 공공재에 대한 자신의 향유가 감소되지 않는다고 생각한다. 반면 타인의 기여가 충분치 못해 공공재가 산출되지 않는다면, 개별적 주체는 기여를 한다고 해도 상황은 변하지 않을 거라고 생각할 것이다. 다시 말해 각 개인은 타인들이 공공재를 설비할 만큼 기여하든지 못하든지 간에 기여하지 않는 것이 합리적으로 되어 버린다. 이에 대해 자세히는 박정순, 「개인이익과 공익의 자유주의적 관련 방식」, 철학연구 제61집, 2002, 212쪽 아래 참조.

24) 김창엽, 「'공공'의 당혹스러움: 국가와 개인, 공익과 사익 사이에서」, 당

그렇기에 원고적격의 문제와 마찬가지로 공익소송주체들이 비용부담을 스스로 짊어지게 할 필요가 있다. 그래야만 공익성에 대한 주관적 확신을 성찰하는 계기가 그런 부담을 무릅쓰고 소송을 전개하는 과정에 내면화될 수 있기 때문이다. 실제 미국에서도 대법원은 집단소송의 승소금에서 일정한 비율을 변호사비용으로 지급한다는 원칙을 채택해왔고, 그에 따라 당사자는 자신의 소송비용과 변호사비용을 스스로 부담하도록 되어 있다.

II. 법원의 적극적 역할

공익소송에서 법원은 다양한 해석과 조정기능을 수행하는 판결을 행하기 때문에 객관적인 제3자로서 소극적인 판단을 하는 것이 아니며, 오히려 법원의 판결은 입법기준을 제시하는 정책적 효과를 가지고 정치적 기능을 하게 된다.[25] 즉 공익소송에서는 법원의 적극적인 역할이 강조되곤 하는데, 이는 '법원도 공익의 실현에 동참하라'는 정치적 요구에서 비롯된다. 실제로 공익법운동을 전개하는 단체들은 법원의 권리구제기능보다도 정책형성기능에 더 중점을 둔다. 그런 경향은 입법·행정영역에서 나오는 해결책에서 만족을 얻지 못한 사안들을 법원에 가져와서 실현해 달라는 주장으로 이어지고, 이는 다시

대비평 제21권, 2003, 46쪽.

25) 박상필, 제9장 NGO활동과 관련된 법률의 고찰, 『NGO와 정부 그리고 정책』, 아르케, 2003, 299쪽.

법원의 적극적 역할에 대한 기대와 요구로 나타난다.

1. 법원의 법창조와 유보주문

공익소송은 아래에서 미국의 피스(Piss)가 말하는 '구조적 소송'에 가깝고, 법원(법관)의 역할은 풀러(Fuller)가 말하는 '적법절차의 수호자'보다는 차예스(Chayes)가 말하는 '관리자로서 법관상'에 더 가깝다.

[법원의 역할에 대한 미국의 논의] 미국에서는 당사자의 처분권주의와 변론주의 원칙이 인정되고 있는 대륙법계의 민사소송에서보다 당사자주의의 요소가 강하여 (특히 배심재판에 의할 경우) 법관은 더 중립적인 지위에 놓이는 것으로 이해된다. 그러나 [특히 소송수행(litigation)보다는 합의 내지 화해(settlement)로 중요성이 이전[26]되어 있는 특성상] 미국의 집단소송에서만은 예외적으로 법관이 이러한 중립적인 지위를 넘어서 강한 주도권을 가지고 절차를 주재해야 할 필요성을 인정[27]하게 되었고, 이러한 법원의 역할상에 대해 활발한 논의가 있어 왔다.

① 법관의 적극적 역할 강조 차예스(Chayes)는 현대의 공공소송(Public law litigation)이 (전통적인 소송형태와는 달리) 원고 對 피고의 대립적 양극구도가 붕괴되어 있으며, 과거의 사실보다는 장래에 예상되는 행위를 금지하는 미래지향적 성격을 갖는다고 본다. 따라서 공공소송에서는 권리와 구제가 상호의존적이지 않으며 법관은 판결 선고를 넘어서 적극적으로 사안에 뛰어들어 조정하게 된

---

26) 최완진, 「집단소송제도의 입법론적 과제」, 경영법률 제14권 제1호, 한국경영법률학회, 2004, 123쪽.

27) 강태원, 「집단소송에서 법관의 역할」, 민사소송 9권 1호, 한국민사소송법학회, 2005, 114쪽.

다. 따라서 법관은 단순히 기존 민사소송의 당사자주의에 입각한 중립적 존재가 아니라, 적극적인 정책의 주체가 되는 '관리자로서 법관(managerial judge)'[28]이 된다.[29]

② 구조적 개혁소송의 상　다음으로 피스(Fiss)는 위와 같은 차예스의 법원상을 바탕에 두고 새로운 소송형태에서는 분쟁해결뿐만 아니라 구소석인 개혁이 중요시된다는 측면에서 구조적 소송(structural suit)이라 칭하였다.[30]

③ 법원의 소극적 역할중시　이와 달리 풀러(Fuller)는 법원이 특정 목적을 달성하기 위해 적극적으로 정책 방향을 제시하는 것은 적합하지 않다고 본다. 소송당사자들은 자신의 입장만을 대변할 뿐이고 법원은 본질적으로 과거지향적 성격을 가질 수밖에 없는 한계를 가지기 때문이다. 따라서 법원은 당사자가 재판에서 동등하게 주장을 할 수 있는 기회를 주는 적법절차에 한정된 역할만을 수행해야 한다고 한다. 그렇지 않으면 오히려 한 당사자와만 재판 외에서의 협의를 하거나, 재판에서 밝혀지지 않은 사실에 입각해 왜곡된 판단을 할 수도 있는 위험성을 갖게 된다.[31]

그러나 우리의 법담론에서는 흔히 법원의 '적극적 역할'을 이야기한다. 물론 이 개념이 구체적으로 무엇을 의미하는지는 아직 불분명하다. 미국의 사법적극주의가 원용되기도 하지만,[32] 한국의 법문화에

---

28) 미국에서 '법관의 관리'는 변론기일 전에 소송절차를 관리하는 법관의 역할이 중요시되면서 일반 소송에서부터 시작된 이론이다. 이에 대해 자세히는 Judith Resnik, "Managerial Judges," Public Adminstration Review, Vol. 45, Special Issue: Law and Public Affairs, Nov., 1985, 686~690쪽.

29) Abram Chayes, "The Role of the Judge in Public Law Litigation," Harvard Law Review 89, 1976 참조.

30) Owen M. Fiss, "The Forms of Justice," Harvard Law Review 93, 1979 참조.

31) Lon L. Fuller, Kenneth I. Winston, "The Forms and Limits of Adjudication," Harvard Law Review 92, 1978 참조.

서 그것이 구체적으로 어떤 결론을 가져다주는 것인지는 여전히 분명하지 않다. 여기서 법원의 적극적 역할을 제도개혁추진의 적극성과 분쟁해결의 적극성으로 나누어 생각할 수 있다. 전자, 즉 제도개혁추진은 특히 공익소송을 통한 인권실현과 깊숙이 연관되어 있다.

(1) 법창조적 해석

법원의 적극적 역할은 법학방법론의 차원에서 보면 법창조의 역할이라 번역될 수 있다. 종래의 법학방법론은 문언의 한계(Wortlauf-grenze)를 기준으로 법창조와 법적용(또는 보충적 법형성)을 구별한다. 만일 법원의 적극적 역할이 인권의 새로운 또는 확대된 실현을 위해 법률해석을 통하여 법창조를 하는 것이라면 이 때 두 가지 문제를 생각해볼 수 있다. 첫째, 법창조가 법적용(법형성)과 정말 구별되는 것이라고 할 때, 그런 법원의 적극적 역할은 입법자의 권능을 찬탈할 위험이 있다는 점이다. 의회의 입법절차가 공익소송절차보다 여전히 더 민주적 의견수렴의 가능성이 있음을 부인하지 않는 이상, 이런 역할을 요구하는 공익소송법은 정당하지 않다.

(2) 논증적 저항

물론 여기서 법창조와 법적용(법형성)은 인식론적으로 구별되는 게 아니라고 본다면, 외재적인 기준에 의한 법창조와 법형성의 구분은 사라진다.[33] 해석은 모두 유추이고, 창조일 뿐이다. 하지만 둘째, 이

32) 함영주, 「집단소송에 관한 연구 —우리나라의 집단소송법 시안에 관하여—」, 고려대학교대학원 박사학위논문, 1997, 58~63쪽.

33) 이상돈, 「형법해석의 한계」, 신동운 · 김영환 · 이상돈 · 김대휘 · 최봉철, 『법률해석의 한계』, 법문사, 2000, 70쪽.

런 방법론의 진영에 선다고 해서 법원이 공익소송론자들이 때때로 과도하게 요구하듯 입법자의 권능을 찬탈해도 좋다는 결론에 이르게 되는 것은 아니다. 법원은 오로지 현행법의 새로운 해석을 '합리적인 근거'로 논증함으로써 법률을 목적론적으로 축소하거나 유추확장함으로써만 —입법자가 (그런 해석을 수용하든 또는 명시적으로 배척하든) 새로운 입법의 필요성을 갖도록— 저항('해석저항')을 할 뿐이다. 그리고 이런 법원의 역할은 공익소송에만 특유한 현상은 아니고, 모든 법영역에 보편적인 현상이다.

(3) 유보주문

다만 공익소송에서 새로운 주문형식을 만들어볼 수는 있을 것이다. 입법자의 권능을 찬탈하지는 않는 범위 내에서, 그러나 인권실현을 위해 새로운 입법이 절실히 요구된다고 판단될 때에는 승·패를 유보하는 주문형식을 만들고, 판결이유에서 의회에 의한 새로운 입법의 필요성을 근거짓자는 것이다. 이런 유보주문은 헌법재판에서 헌법불합치결정과 입법촉구 등의 제도와 상응한다고 볼 수 있다. 물론 이는 헌법과 법률 사이의 관계를 이를테면 수직적 상하관계에서 수평적 협동관계로 새롭게 이해하고, 헌법재판소와 법원 사이의 역할분배도 새롭게 정립함을 전제로 한다.[34)]

34) 이에 대해 자세히는 이상돈, 『헌법재판과 형법정책』, 고려대학교 출판부, 2004 참조.

2. 협동적 역할의 법원상

또 다른 적극적 역할로 소송수행에서 법원의 적극성을 생각할 수 있다. 공익소송이 민사소송법을 준용하는 민사소송인 한, 법원은 원칙적으로 처분권주의와 변론주의의 사적 자치 이념에 따라 그 행동반경이 정해진다. 하지만 그런 소극적 역할은 공익소송이 기대하는 법원상으로는 미흡하다. 공익성은 법원의 적극적인 진실발견활동과 정의실현의 의지를 요구하기 때문이다. 반면에 그런 요구를 수용한다고 해서 공익소송을 지휘하는 법원이 형사법원과 같이 직권탐지의무를 진다고 보아서는 안 된다. 민사사법의 형사사법화는 공익을 이유로 더 큰 공익을 잃어버리는 결과를 초래할 위험이 있기 때문이다.

여기서 민사소송의 당사자주의와 형사소송의 직권주의를 변증시킨 형태로 '협동주의'(Kooperationsmaxime)를 고안해볼 수 있다.[35] 협동주의는 한편으로는 민사소송에서 법원의 (사회적 약자인 당사자에 대한) 후견적 역할이 확대되어 오고, 다른 한편 형사소송에서 당사자주의적 요소가 강화되는 경향을 배경으로 한다. 이런 경향은 민사소송과 형사소송의 상호접근을 가져오고 있는데, 이같은 현상을 민사소송과 형사소송이 각기 그 고유성을 잃는 부정적인 과정으로 남겨두지 않고 발전적인 과정으로 만들기 위해서는 새로운 해석패러다임이 필요하다. 그런 패러다임으로 대화이론을 들 수 있다. 즉 상호접근 현상을 각자의 고유한 구조를 허무는 쪽으로 이해하는 것이 아니라 소송 안에서 법원과 당사자 사이에 대화적인 의사소통을 촉진시켜 더 진실하고 더 정의로운 판결을 가능하게 하는 발전으로 이해하는 것이다.

---

35) 배종대 · 이상돈, 『형사소송법』, 홍문사, 1999, 588쪽.

법원은 민주적 의사소통의 역량을 소송 내에서 극대화하도록 소송을 지휘해야 한다.

[증거개시제도] 가령 예를 들면 미국 연방민사소송규칙(Federal Rules of Civil Procedure)에 규정된 증거개시제도(discovery)(Rule 26. General Provisions Governing Discovery; Duty of Disclosure)를 공익소송에 도입·활용하는 방안을 생각할 수 있다.[36] 피고의 귀책사유를 입증하기 위해 원고가 피고에게 그와 관련한 일정한 자료의 제출을 요구할 권리를 갖게 하는 것이다. 가령 부실감사소송에서 원고인 채권단(은행)은 피고인 회계법인의 귀책을 입증하기 위해[37] 회계법인에 대해 외부감사관련서류의 제출을 요구할 권리를 갖게 하는 것이다. 이런 증거개시권은 현행 민사소송법 제343조의 문서제출명령으로 보장할 수도 있다. 하지만 이런 제도는 변론주의의 근간을 지나치게 흔들고, 민사법원으로 하여금 마치 형사법원처럼 실체적 진실발견의 책무를 지게 만들 위험이 있으며, 아울러 원고와 피고 사이에 공격방어의 무기가 불균형을 이루게 만들 가능성이 높다. 그런 점에서 가령 증거개시권 행사를 위해서는 ① 소제기 이전에 원고가 어떤 점을 이유로 부실감사의 귀책사유를 추정하고 있는지를 대강 이해할 수 있는 기회를 피고가 갖게 할 필요가 있다. 또한 ② 감사조서(외감법 제14조의2)와 같

---

36) 이에 관해 자세히는 서동희, 「미국법상의 discovery 제도의 도입 필요성」, 법학연구 제18집, 한국법학회, 2005, 797쪽 아래; 정영수, 「변론준비제도의 연혁 및 외국 입법례 연구」, 민사소송, 한국민사소송법학회, 2006, 70~71쪽 참조.

37) 이는 현행 주식회사의 외부감사에 관한 법률 제17조 제5항처럼 입증책임을 피고(회계법인)에게 전환시킨 것을 정보력과 분석력이 있는 금융기관 등의 경우에 예외적으로 다시 원고에게 복귀시키는 개정[이런 개정의 예로 2006.10.13. 이종구 의원(외 20명 의원)이 대표발의한(의안번호 5158) 「주식회사의 외부감사에 관한 법률(이하 '외감법'으로 약칭) 일부 개정법률안」 제17조 제5항 참조]을 가정한 논의이다.

은 민감정보는 증거개시의무와 비밀준수의무(외감법 제9조) 사이의 충돌을 조화롭게 해결하기 위해 개시대상에서 제외[38]할 필요가 있을 것이다.

이런 협동주의적 요청은 일종의 공론경쟁적, 공론형성적 차원을 갖고 있는 공익소송에서는 더욱더 절실하다. 공익의 자유로운 '창발자'[39]로서 공익소송은, 주어져 있는 진실을 발견하는 것이기보다 새로운 정의내용을 구성하는 데에 그 고유성이 있기 때문이다. 하지만 이런 의미의 적극적 역할은 궁극적으로는 공익소송에서뿐만 아니라 모든 소송에서 법원이 떠맡아야 하는 것이라는 점에서 역시 공익소송의 고유성을 근거짓지는 못한다.

III. 책임귀속의 완화

공익소송의 또 다른 고유성으로 책임귀속요건의 완화를 생각할 수 있다. 공정거래위원회가 제안한 공익소송의 모델에서 이 점은 분명하게 나타나 있다. 주의의무의 고도화를 통한 과실귀속의 완화, 인과관계(결과귀속)의 일반화 등은 그 핵심적인 현상이다.

---

38) 감사조서는 민사소송법 제344조 제1항 제3호 단서가 규정하는 비밀유지의무가 면제되지 아니한 문서로 볼 수 있다.

39) 고길섶, 「주어진 공공성에서 만드는 공공성으로」, 우리교육 4월호, 2001, 71쪽.

[공정거래위원회의 공익소송 모델] 공정거래위원회에서도 공익소송에 대한 논의를 진행해 왔다.[40] 공정거래위원회가 제안한 공익소송 모델에 의하면 ① 원고적격은 제외신고자를 제외한 동일범주 피해자 전원을 대신하여 공정위에게 인정하고, ② 기판력은 제외신고를 하지 않은 피해자 전부에 대하여 미치게 한다. 특히 ③ 책임귀속 요건과 관련해서는 원고인 피해자가 구체적 입증을 해야 하는 기존의 민사소송과 달리, 개괄적 입증만을 요하거나(입증책임의 완화), 입증책임을 피고에게 전환하고(입증책임의 전환) ④ 손해액의 입증에 있어서도 기존의 민사소송이 개별적·구체적 입증을 요구하는 반면, 공정거래위원회의 공익소송 모델에 의하면 표본적·통계적 입증으로 족하다고 한다.

여기서 공익소송의 발전된 형태인 집단소송이 확대될 가능성이 높은 우리나라의 논의현실에서 보면, 미국의 집단소송에서 등장한 완화된 책임의 귀속이론들은 우리나라 공익소송에서도 원용될 가능성이 높다. 그래서 그 이론들을 개관해보고(아래 1), 그 이론들이 도입되는 경우에 고려되어야 할 우리나라의 법문화적 특성을 살펴보기로 한다(아래 2).

1. 미국의 집단소송에서 책임귀속이론들

미국의 집단소송에서도 심리 중에 가해자가 명확하지 않아 종국적

40) 정부는 2003년 12월 30일 「시장개혁 3개년 로드맵」을 확정하여 공익소송제의 도입에 관한 방침을 결정했다. 공익소송제 도입 문제는 집단소송, 단체소송 및 현행 민사소송법상 선정당사자 제도 등 여러 대안을 포함하여 우리 법체계와의 정합성, 도입시기 등에 대한 종합검토가 요구되므로 중장기과제로 검토한다는 방침이다. 그러나 공익소송제의 도입은 아직 미완료 과제로 남아 있다(공정거래위원회, 「주요업무보고」, 2006.2.16.).

으로 특정이 불가능한 경우에 누구를 당사자로 하는가가 문제되어 왔다. 이른바 석면(石綿; Asbestos) 사건[41] 또는 유산방지제(디에틸스틸베스트롤; Diethylstilbestrol) 사건에서 무과실책임(Strict liability) 법리에 입각하여 생산자들에게 책임을 돌릴 수 있다고 하여도, 원고는 손해가 현실화되기 수년 전부터 제품에 노출되어 있었고, 그 당시의 생산자를 특정할 수 없었기 때문에 배상을 받기가 어려운 상황에 놓여 있었다. 이에 따라 법원도 실제로 불법행위를 저지른 자를 누구로 볼 것인지를 고심하였고, 이러한 상황에 놓여 있는 수많은 사례에서 원고들이 겪는 가해자 특정불가능의 문제를 해결해주기 위하여 기존의 전통적인 불법행위법(tort law)의 이론을 변형시켰다. 그런 변형이론의 대표적인 예로—미국 판례법의 발전사에 따라 정돈해 보면—양자택일적 책임이론, 공동행위이론, 업계책임이론, 시장점유율 책임이론, 위험기여이론 등을 들 수 있다.

(1) 양자택일적 책임이론

양자택일적 책임이론(Alternative Liability Theory)은 Summers v. Tice 사건[42]에서 비롯되었다. 이 사건에서 캘리포니아 대법원은 두 명의 피고들이 원고에 대해 과실이 있고 그 과실로 인해 원고가 손해를 입은 것은 밝혀졌지만, 그 둘 중 누구의 과실이 원고의 손해를 실제로 야기했는지가 밝혀지지 않은 경우라 할지라도, 그 피고들 모두는 원고의 손해에 대하여 연대하여 책임을 져야 한다고 보았다. 그러므로 양자택일적 책임이론은 잠재적인 불법행위자들

---

41) 석면사건에 대한 자세한 분석으로는 오대성, 「미국에서 석면사건에 관한 대표당사자소송의 실제」, 민사법연구 제7호, 대한민사법학회, 1999.

42) Summers v. Tice, 33 Cal. 2d 80, 199 P.2d 1 (1948).

모두를 유책한 피고로 결합시킨다고 말할 수 있다. 이런 책임이론은 피고 모두가 불법행위에 가담하였고, 피고들이 실제 불법행위자를 특정짓는 데 필요한 증명을 할 수 있는 보다 유리한 지위에 있다는 데에 근거한다.[43)]

그러나 이 양자택일적 책임이론은 유산방지제 사건에 적용되기 어려웠다. 유산방지제를 판매한 회사가 수백 개에 달했고, 또한 유산방지제 생산자들이 실제 가해자를 밝히는 모든 증거들을 통제할 수 있는 상황에 있지 않았기 때문이다.[44)] 또한 그들이 손해를 야기한 제품의 생산자를 밝혀내는 데 소비자들보다 더 유리한 지위에 있다고 추정하기도 어려웠다.[45)] 그럼에도 불구하고 미시간 대법원은 이 사건에다 양자택일적 책임이론을 적용하고, 다만 피고에게 입증책임을 전환하려면, 원고는 ① 모든 피고들이 불법적으로 행동했으며, ② 피고의 행위로부터 손해를 입었으며, ③ 특정 피고가 손해를 야기했다는 것을 밝힐 수 없는 데에 원고 자신의 잘못이 없을 것을 요구하였다. 또한 배상을 위한 전제조건으로 원고가 자신의 손해에 대해 책임이 있는 생산자를 특정하기 위해 성실한 시도를 했음을 밝혀야 한다[46)]고 보았다. 다시 말해 입증부담의 이행은 양자택일적 책임이론의 적용조건이 된 셈이다.

---

43) RESTATEMENT (SECOND) OF TORTS 433B (1964).

44) Victor E. Schwartz, "Alternative Compensation Schemes And Tort Theory: Failure to Identify the Defendant in Tort Law: Towards a Legislative Solution," 73 Calif. L. Rev. 941, May 1985, 947쪽.

45) 예컨대 Morton v. Abbott Laboratories, 538 F. Supp. 593 (M.D. Fla. 1982); Ryan v. Eli Lilly & Co., 514 F. Supp. 1004, 1016 (D.S.C. 1981).

46) Abel v. Eli Lilly & Co., 418 Mich. 311, 343 N.W.2d 164, cert. denied, 105 S. Ct. 123 (1984).

(2) 공동행위이론

공동행위이론(Concert of Action Theory)은 ① 실제로 손해를 야기한 자는 전체 집단 중 일부분일지라도, "한 사람의 행동은 모두의 행동이다"라는 가정에 따라 복수의 피고인은 피해자에 대하여 연대 책임(Joint and Several Liability)을 진다는 이론이다.[47] 책임부과의 이론적 근거는 책임이 부과된 당사자가 실제적으로 손해를 야기하지 않았다 할지라도, 그의 불법적 행위는 다른 이가 실제적 손해를 불러일으키도록 적극적으로 고무시켰을 것이라는 점에 있다.[48] ② 이 공동행위이론은 양자택일적 책임이론과 달리 손해를 가한 당사자가 법원에 출석할 것을 요구하지 않는다. 따라서 원고는 모든 피고인으로부터 배상을 받기 위해 손해를 야기한 피고인을 특정해야 할 책임을 지지 않는다. 그 결과 원고의 손해를 야기하지 않았음을 증명할 수 있는 피고도 책임을 면할 수 없게 된다. 따라서 가령 유산방지제 사건에서 공동행위이론이 적용된다면 피고가 원고에게 손해를 발생시킨 유형의 유산방지제를 생산하거나 판매하지 않았음을 증명한다고 하더라도 책임을 면할 수 없게 된다.[49] ③ 그러나 공동행위가 되려면 그런 가해행위에 대해 피고들이 명시적·묵시적 계약을 맺었거나 또는 적어도 유산방지제의 위험성에 대해 시민들에게 일반적으로 공개하지 않는 것을 함께 계획했던 경우에만 인정될 수 있다.[50] 하지만 유산방지제사건에서 대부분의 제약회사들은 그와 같은 의미의 공동행

47) W. Keeton, D. Dobbs, R. Keeton & D. Owen, *Prosser and Keeton on the Law of Torts* 103, 5th ed. West Pub. Co.,1984, 322~346쪽.

48) Victor E. Schwartz, 위의 논문, 950쪽.

49) Abel v. Eli Lilly & Co., 418 Mich. 311, 338, 343 N.W.2d 164, 176.

50) Ryan v. Eli Lilly & Co., 514 F. Supp. 1004, 1016 (D.S.C. 1981).

위를 하지 않았다.[51]

(3) 업계책임이론

업계책임이론(Enterprise Liability Theory)은 Hall v. E.I. Du Pont De Nemours & Co. 사건[52]에서 처음으로 제기되었다. 이 사건에서 원고는 blasting cap 사고로 인해 4년 동안 12명의 아이들이 다친 것에 대해 소를 제기하면서, 구체적으로 손해를 야기한 생산자를 특정하지 않고, 일단 전 미국 내에서 해당 산업을 구성하는 6개 생산회사에 대해 손해배상을 청구했다. ① 법원은 피고로 지목된 회사들 중 오직 하나만이 실제로 손해를 야기했지만, 전체 산업에 원고의 손해에 대한 책임을 부과하였다. 모든 구성원들이 안전 기능과 기준을 준수하는 등 연대하여 위험을 통제한다는 점이 인정되었기 때문이다. 이러한 업계책임이론에서 산업 전반에 통용되는 기준 또는 관행의 존재는 위험의 연대적 통제를 발견할 수 있게 해주어, 원고가 해당 피고를 특정해야 할 부담을 전환하게 해주었다. ② 공동행위이론과 달리, 업계책임이론에서는 원고가 불법행위를 야기한 명백한 계약의 존재를 증명할 필요가 없다. 다만, 법원은 "피고가 해당 위험에 대해 공동의 인식을 하고 있었고, 이러한 위험을 경감시키거나 영향을 미칠 수 있는 공동의 능력이 있음을 논증해야 한다"고 판시하였다. ③ 그러나 Collins v. Eli Lilly & Co. 사건[53]에서 위스콘신 대법원은 업계책임이론은 수백 개의 제약회사가 잠재적 피고가 되고, 수없이 시

51) Morton v. Abbott Laboratories, 538 F. Supp. 593, 596-97 (M.D. Fla. 1982).

52) Hall v. E.I. Du Pont De Nemours & Co., 345 F. Supp. 353 (E.D.N.Y. 1972).

53) Collins v. Eli Lilly & Co., 116 Wis. 2d 166, 342 N.W.2d 37 (1984).

장에 참가하고 탈퇴하는 유산방지제 시장에서는 유용할 수 없을 것이라고 결론내렸다.

(4) 시장점유율 책임이론

Sindell v. Abbott Laboratories 사건[54]에서 캘리포니아 대법원은 새로운 책임귀속이론으로서 시장점유율 책임이론(Market-Share Liability Theory)을 채택하였다. Sindell 사건에서 원고는 오직 유산방지제의 "상당한 비율(substantial percentage)"을 생산하는 생산자들을 피고로 지목하였고, 법원은 "피고가 원고에게 손해를 입힌 제품을 공급한 가능성(likelihood)"에 따라 책임을 할당하였다. 곧 이 손해는 피고들이 시장을 점유하고 있는 비율에 따라 할당된다는 것이다. 피고 회사들은 원고의 피해를 야기한 제품을 자신들이 실제로 만들 수 없었다는 점을 증명함으로써만 책임을 피할 수 있다. 곧 시장점유율 책임이론에 따르면, 원고의 손해 또는 질병을 야기한 제품의 정확한 생산자를 특정할 수 없다고 하더라도, 대체가능하거나 동일한 제품의 생산자들이 결합하여 시장의 상당한 점유율을 충분히 대표할 수 있을 때, 피고에 대한 책임을 점유율에 따라 부과할 수 있다는 것이다. 그러나 어디까지를 해당 시장으로 볼 것인지, 또는 상당한 점유율의 기준은 무엇인지가 명확하지 않다는 비판이 가능하다.[55]

---

54) Sindell v. Abbott Laboratories, 26 Cal. 3d 588, 607 P.2d 924, 163 Cal. Rptr. 132 (1980).

55) Robinson, "Multiple Causation in Tort Law: Reflections on DES Cases," 68 VA. L. REV. 713 (1982) 참조.

(5) 위험기여이론

Collins v. Eli Lilly Co. 사건[56]에서 위스콘신 대법원은 위에서 언급한 책임이론들을 배제하고, 위험기여이론(Risk Contribution Theory)을 새로이 구축하였다. 이에 따르면 원고는 ① 원고측이 유산방지제를 복용하였고, ② 유산방지제 복용 이후 손해를 야기하였으며, ③ 피고가 해당 유산방지제와 동일한 유형(색, 모양, 표시, 사이즈, 또는 다른 동일화할 수 있는 특징들)의 제품을 생산하거나 판매하였고, ④ 피고의 생산 또는 판매 행위가 원고에 대한 법적 의무를 위반하였다는 점을 주장하여야 한다.[57] 이러한 요건이 충족되었다면 피고에 대한 책임비율은 피고가 유산방지제 판매에 있어서 선도적인 역할을 담당했는지, 발생할 수 있는 위험에 대해 시민들에게 경고를 하였는지, 위험이 판명된 후에도 판매를 지속했는지 여부 등을 고려하여 결정된다. 또한 이 이론에 따르면 원고는 동일한 유형의 유산방지제를 제조·판매한 제약회사를 임의로 지정할 수 있다. 원고가 어느 한 피고인을 지정하여 전체 손해를 배상받을 수 있다는 점 때문에 Collins 판결은 Sindell 사건보다 피고인에게 더 강한 책임을 부과하고 있는 것으로 이해될 수 있다. 그러나 원고가 둘 이상의 제약회사를 참여시켰다면, 그 손해는 배심원에 의해 피고인들 사이에서 할당된다.[58]

---

56) Collins v. Eli Lilly Co., 116 Wis. 2d 166, 342 N.W.2d 37 (1984).

57) 이런 요건은 독일에서 말하는 일반적 인과성(genelle Kausaliltät)과 매우 유사하다. 제조물책임에서 이런 인과성 개념에 대해서는 W. Hassemer, *Produktverantwortung im modernen Strafrecht*, 1994 참조.

58) Victor E. Schwartz, 위의 논문, 964쪽.

2. 법문화와 책임귀속완화

그러나 이상과 같은 미국의 책임이론을 공익소송의 고유한 책임이론으로 끌어들일 것인지를 논의하기에 앞서 두 가지 점이 깊이 고려되어야 한다.

(1) 비교법적 고찰과 법문화적 특수성의 고려

첫째, 공익성을 책임귀속의 '엄격성'보다 앞세우는 것이 공익소송의 고유한 특징이 되는 것인지는 법문화의 전통과 법실무의 현실에 따라 달라진다는 점이다. 이를테면 담배소송은 미국에서는 승소한 사례가 있지만[59] 독일과 일본에서 패소한 점은 그 전형적인 예이다.

[미국의 담배소송] ① 미국에서 담배소송은 1954년부터 시작되었으나 1993년에 이르기까지 단 한 사건에서도 원고가 승소하지 못했다. 미국 담배소송의 이러한 경향은 1994년 비흡연자인 6만 명의 항공기 승무원들이 간접흡연의 피해를 이유로 제기한 집단소송인 Broin 사건[60]에서 3억여 달러에 합의(재판상 화해)가 이루어지고, 1998년 11월의 Master Settlement Agreement(MSA)에서 담배회사들이 2060억 달러를 미국 46개 주정부에 25년 동안 분할지급하기로 합의하면서 변화되기 시작했는데, 2000년대에 들어서서 원고 승소의 판결들이 조금씩 증가되는 경향을 보이고 있다.[61] 최근

---

59) 미국에서 담배소송 진행에 관해서는 특히 W. Kip Viscusi, "Tobacco: Regulation and Taxation through Litigation," W. Kip Viscusi(편), *Regulation through Litigation*, Booking Institution Press, 2002, 22쪽 아래 참조.

60) Broin v. Philip Morris Cos. 641 So. 2d 888 (Fla. 3d DCA 1994), rev. denied, 654 So. 2d 919 (1995).

61) 2004년의 Kenyon v. R. J. Reynolds Tobacco Co, (540 U.S. 1161; 124 S. Ct. 1171; 157 L. Ed. 2d 1205), 2001년의 Carter v. Brown & Williamson

사례로는 2006년의 Boeken 판결[62], 2005년의 Henley 판결[63]에서 개인 원고가 승소하여 막대한 배상금을 받은 바 있다. ② 이러한 담배소송의 흐름에서 무과실책임이 적용되는 과정을 요약해 보면 다음과 같다:

1) 초기의 미국 담배소송에서 원고는 *과실책임이론*(theories of negligence)이나 *묵시적 보증의 위반*(breach of implied warranty)을 근거로 소송을 제기했다. 하지만 이 시기에는 담배의 유해성에 대한 확고한 의학적 견해가 없었고, 따라서 피고에게 예측가능성(foreseeability)이 있다고 보기 어려웠기에 위와 같은 근거들은 인정되지 못했다. 하지만 1964년 Surgeon General's Report[64] 이후로 담배의 유해성이 공식적으로 인정을 받게 되고, 1965년의 '담배경고문과 광고에 대한 연방법률'과 1969년의 '공중위생 흡연법'[65]을 통해서 모든 담배회사들이 담배의 겉포장에 경고 문구를 부착하게 됨에 따라 담배회사들은 더 이상 담배의 유해성을 알지 못했다는 이유로 원고의 손해배상청구에 항변할 수 없게 되었다. 피고들은 이에 원고가 경고문구들을 통해 담배의 유해성과 흡연이 야기하는 위험에 대해 명백히 알고 있음에도 흡연을 한 것이므로, 원고가 위험을 인수한 것이라는 '*위험의 인수*' 항변을 주장했다. 이 항변은

Tobacco Co. (533 U.S. 950; 121 S. Ct. 2593; 150 L. Ed. 2d 751) 등은 대표적인 원고승소 판결들이다; 2003년 12월 이전의 개인 원고승소 사례들로 http://www.tobacco.neu.edu/litigation/resources/victories.htm 참조.

62) Boeken v. Philip Morris USA Inc. 126 S. Ct. 1567; 164 L. Ed. 2d 297 (2006).

63) Patricia Henley v. Philip Morris USA Inc. 544 U.S. 920; 125 S. Ct. 1640; 161 L. Ed. 2d 477 (2005).

64) U.S. DEP'T of Health, Education & Welfare, Smoking and Health: Report of the Advisory Committee to the Surgeon General of the Public Health Service (1964).

65) Federal Cigarette Labeling and Advertising Act, Pub. L. No. 89-92. 79 Stat. 282 (1965). 이 법령은 1969년에 Public Health Cigarette Smoking Act of 1969[Pub. L. No. 91-222, 84 Stat. 87 (1970)]로 개정되었다.

거의 모든 법원에 의해 인정되었고, 위험의 인수는 1993년 이전까지 피고가 담배소송을 완승하는 데에 있어 중요한 공헌자였다.[66] 당시 법원은 *기여과실론*을 취하고 있었으므로, 위험의 인수 항변을 인정함으로써, 흡연 피해에 대한 기여가 인정된 원고들은 손해배상을 청구할 수 없었다.

2) 1980년대부터 법원은 *비교과실론*으로 태도를 전환하기 시작했는데, 이 시기에 원고들은 비교과실론에 입각하여 비록 원고들이 위험을 인수한 바가 있다 하더라도 담배회사에도 부분적인 책임이 있다는 것을 주장하였다.[67] 또한 원고들은 니코틴 중독으로 인해 끊고 싶은 의도가 있어도 끊을 수 없었다는 점을 주장했는데, 니코틴 중독에 대한 연구가 부족하여 그 중독성이 널리 인정되지 못했던 시기였기에 법원은 원고들의 주장을 인정하지 않았다. 이 시기에 배심원들은 담배를 끊지 못하는 것은 원고들의 개인적인 책임이라고 보았고, 피고에게 유리한 평결을 내렸다.

3) 또한 원고들은 무과실책임(strict liability)과 경고태만(failure to warn)을 이유로 피고들에게 소송을 제기했는데, 이들 주장은 법원에서 받아들여지지 않았다. 제2차 불법행위법 주석집 402A[68]는 무과실책임을 규정하고 있었지만, 402A의 comment (i)는 담배를 그 자체로서 '불합리하게 위험한(unreasonably dangerous)' 물건이 아니라고 함으로써 담배회사들을 무과실책임으로부터 면제해 준 바 있었다. 다시 말해서 '좋은 담배는 그 자체로서 유해한 것이 아니며,

66) David Ellender, "Comment: A Class-action lawsuit against aspartame manufacturers: a realistic possibility or just a sweet dream for tort lawyers?" 18 Regent U.L.Rev.179-208 (2005-2006), 182, 185쪽 참조.

67) 담배소송에서의 기여과실론과 비교과실론에 대하여 박민영, 「미국의 담배소송에 관한 고찰」, 미국헌법연구 13권, 2004, 188~190쪽 참조.

68) RESTATEMENT (SECOND) OF TORTS 402A (1965): "(i) One who sells any product in a defective condition unreasonably dangerous to the user or consumer or to his property is subject to liability for physical harm thereby caused to the ultimate user or consumer, or to his property …."

따라서 무과실책임 법리의 적용대상이 되지 않는다'는 것이다. 원고들의 무과실책임의 주장은 comment (i)의 담배회사 면책을 이유로, 경고태만의 주장은 연방법률에 의해 모든 담배에 경고문구가 부착된다는 이유로 반박되었다. 이와 같은 완전한 피고 승소의 경향을 바꿔놓은 데에는 담배의 유해성과 니코틴의 중독성에 대한 담배회사의 내부비밀문서 공개가 결정적인 역할을 하였다. 여러 담배회사의 내부비밀문서에는 담배회사들이 이미 30여 년 전부터 담배의 유해성을 알고 있었지만 이를 은폐해 왔고, 니코틴 중독에 대하여도 이미 알고 있었다는 내용이 담겨 있었다. 이에 더해서 담배회사들이 니코틴의 수준을 조작하여서 더 강한 중독을 고의로 유발하였으며, 보다 강력한 중독효과를 위하여 청소년을 타깃으로 한다는 내용 역시 폭로되었다. 이로 인해, 지금까지 '그 자체로서 불합리하게 유해한 물건이 아닌 담배를 의지가 약한 흡연자들이 끊지 못했다'고 보아 원고에게 책임을 묻고 피고들을 면책시켜왔던 배심원들의 평결 입장은 피고 담배회사의 고의적인 정보 은폐와 니코틴 조작 및 청소년의 중독 유발에 관한 증거들로 인해 담배회사의 책임을 묻는 방향으로 전환되었고, 담배소송도 무과실책임법리의 적용 대상이 되었다.

[독일의 담배소송] 독일에서의 담배소송은 원고가 패소했다. 아른스베르크 지방법원(Landgericht Arnsberg)은 "미국의 사례는 독일에 적용될 수 없다"는 것을 전제로, 미국법원과는 다른 결론을 내리고 있다.[69] 원고측이 주장한 손해배상 이유는 1) 피고회사가 담배생산과정에서 유해한 중독성 물질을 담배에 첨가시킨 점 2) 담배는 구조적으로 결함이 있는 상품이라는 점 3) 피고회사가 담배에 그 부작용, 중독성 등과 관련한 경고 문구를 붙이지 않았다는 점 등이었다. 사실관계는 미국에서의 담배소송과 유사했지만, 독일법원은 미국에서의 결론과 달리 원고의 주장을 모두 배척하고 원고의 손해배상청구를 전부 기각하였다. 법원은 판결이유에서 먼저 담배산업이 식품법

69) 자세히는 NJW 2004, 233쪽 아래 참조.

(Lebensmittelgesetz) 제20조 규정을 통해 입법자가 원칙적으로 허용한 산업분야라는 점을 밝혔다. 때문에 원고가 불법행위에 따른 손해배상책임을 묻기 위해서는 피고회사가 단순히 자신이 피운 담배를 생산, 판매하였다는 것을 입증하는 것을 넘어 그 생산, 판매과정에서 별도의 위법행위를 하였다는 것을 입증하여야 하는데, 담당 재판부는 다음과 같이 판단하면서 별도의 위법행위에 대해 부정하였다.

1) 법적으로 허용되는 물질 이외의 유해물질이나 중독성을 강화시키는 물질이 첨가되었다는 증거가 없을 뿐 아니라, 원고가 문제삼은 성분이 원고의 건강악화의 원인이 되거나 중독성을 강화하는 역할을 했다는 증거도 없다. 특히 원고가 주장한 중독성 강화 첨가물 중 하나인 암모니악(Ammoniak)은 1980년부터 담배에 첨가되었는데 원고의 흡연량이 1989년부터 점차 줄어든 것을 보면 중독성이 강화된다는 점을 추론할 수 없다는 것이다.

2) 비록 흡연이 건강에 위험을 야기할 우려가 있다고 하더라도 담배가 구조적으로 결함이 있는 상품이고 생산자가 그에 대한 책임을 져야 하는 것은 아니다. 담배가 건강에 악영향을 끼칠 수 있고 중독성이 있다는 것은 이미 오래 전부터 널리 알려진 사실로서 흡연에 따른 위험은 흡연자 자신이 책임을 져야 하는 것이지 담배가 생산자에게 책임이 귀속되는 구조적 결함이 있는 생산물이라고 볼 수는 없다.

3) 담배처럼 상품의 위험이 일반적으로 알려져 있을 때에는 특별한 위험고지의무는 발생하지 않고, 법률에 규정된 범위에서 담배가 지니는 주요 위험성을 알리는 것으로 생산자는 고지의무를 다한 것이다. 원고가 주장하는 중독성 역시 담배가 지니는 일반적 위험일 뿐 흡연자에게 알려지지 않은 특별한 위험성이 아니다.

[일본의 담배소송] 일본에서는 흡연자와 유족들이 일본담배산업(JT)과 국가를 상대로 한 6000만엔의 손해배상과 담배광고금지청구소송을 하였으나, 원고들의 청구가 기각된 사례가 있다. 원고측은 일본담배산업이 담배의 유해성과 의존성에 대한 정보를 제공하지 않은 채 담배를 판매했고, 국가는 이것을 방치하여 흡연으로 인한

> 폐암 등의 질병에 걸렸다고 주장하였으나, "담배에 니코친, 타르 등 유해한 물질이 리스크 팩터로서 작용한다는 사실은 인정되지만, 우리 생활환경 중에는 수많은 종류의 화학물질이 존재하고, 그 중 발암물질이나 세포의 암을 촉진하는 물질이 포함되어 있으므로, 담배의 유해성을 논할 때는 단순히 담배연기 중 어떤 물질이 포함되어 있나는 사실만이 아니라, 그 물질, 성분이 존재하는 定性, 定量을 전제로 인체에 어떤 영향을 미치는가에 대한 역학적 뿐만 아니라 기초의학적 식견과 동물실험 등의 결과를 종합하여야 할 필요가 있다는 이유로 담배의 유해성과 폐암과의 인과관계를 부정했다. 한편 조사결과, 담배는 신체의존과 정신적 의존성도 낮고 흡연은 자유의사에 의한 것이므로 의존성과 폐암의 인과관계도 부정했다.[70]

이 판결들의 옳고 그름을 떠나, 독일과 같은 책임법의 전통에서만 책임귀속의 완화가 공익소송을 고유한 소송의 형태로 자리잡게 하는 개념표지임을 알 수 있다. 하지만 우리나라 사법의 전통과 현실에서는 책임주의가 엄정하게 관철되지는 않았고, 많은 경우 (사회적 약자의 보호에 지향하여) 책임귀속의 요건을 완화해온 정책적 판결이 행해져 왔다고 이해된다. 바로 그렇기 때문에 책임귀속의 완화는 우리나라에서는 공익소송만의 고유한 특성이 되기 어렵다. 물론 이 사정은 다른 결론을 가져오기도 한다. 즉, 책임귀속요건의 완화를 고유한 내용으로 하는 공익소송제를 만들려고 한다면, 약자보호정책을 위해 책임요건을 완화해온 책임법의 실무가 —책임귀속의 엄격한 요건을 고수하는 방향으로— 철수되어야 한다는 것이다. 그렇지 않는 한 우리 법원은 공익소송이 표방하는 공익성을 이미 사적인 분쟁해결에서도 추구하고 있다고 말할 수 있다.

---

70) 東京高法 2005.6.22; 東京地法 2003. 2978호, 1998. 10379호 판결 참조.

(2) 책임주의의 완화와 정의의 훼손

두 번째로 고려해 보아야 할 점은 공익성을 위해 책임주의(Verschuldensprinzip)를 완화하는 것이 과연 정의로운가 하는 점이다. 책임귀속의 엄정한 요건은 단지 특정한 개인의 이익을 위한 것이 아니라 자유의 공평한 한계를 정하는 기획, 그러니까 근대법의 이성적 기획을 실현하는 것임에 주목할 필요가 있다. 그런 모더니티의 기획은 그 자체로서 자유민주주의의 체제에서는 공익이라고 할 수 있다. 그러므로 공익소송에서 책임주의의 완화를 시도한다면, 그것은 공익을 위해 사익(私益)을 희생시키는 것이 아니라, 공익을 위해 또 다른 공익을 희생시키는 것이라고 보아야 한다. 책임주의를 완화한 의료사고 판결들이 방어진료 현상을 가져와서 결국 의료소비자의 이익을 거시적으로 해한 현상은 그 대표적인 예이다.

특히 공익소송의 공익성이 정치화될 위험이 큰 개념임에 반해, 책임귀속의 엄정성에 구현된 공익은 수백 년의 시민사회적 전통 속에서 형성된 법개념임을 고려해 보면 이 이익형량은 그렇게 쉽게 공익소송 편으로 기울지는 않을 것이다. 일본의 경우도 '이미 정착된 권리'나 '정착되었으나 현실화되지 않은 권리'의 실현 영역(예: 오다큐선 소송)에서는 책임귀속요건의 완화를 보이지만, 새로운 권리창설 영역(예: 담배소송)에서는 도리어 책임귀속요건을 강화[71]하고 있는 것도

71) 나가노현의 어민들이 현에서 진행하고 있는 간척사업을 금지하고, 이를 명한 사가(佐賀) 지방법원의 가처분결정을 농림수산부가 불복하여 보전항고를 신청한 결과, 후쿠오카 고등법원이 2005년 5월 16일, 공사금지를 취소하고, 국가의 항고를 인정하는 결정을 내린 사건이다. 이 사건에서 쟁점은 가처분 결정을 요구한 아리아케(有名)해의 어민이 입은 어업부진과 간척사업과의 인과관계였다. 후쿠오카 고등법원은 2000년도의 흉작이 되어버린 김에 대해서는 "경향적으로 감소하고 있다고는 말하지 못하지만, 간척과의 관련성은 지금의 단계에서는 인정할 수 없다"라고 판시하고, 조개류에 대

이런 맥락에서 이해할 수 있다.

IV. 법정책적 전망

이상에서 분석한 바와 같이 공익소송의 고유한 모델이 가져오는 새로운 법패러다임의 문제구조는 우리사회에서 공익소송의 도입을 정치적으로 관철할 수는 있어도, 법이론적으로 관철하기는 결코 쉽지 않다는 전망을 갖게 한다.

공익소송은 물론 인권실현 및 새로운 권리화의 가능성이나 확산이익개념의 의의, 공동체주의적 관점의 개입에 따른 소송주체의 확장 등은 근대적 소송법의 흠결을 보완해 주는 정치적 의의를 가지며, 시민운동의 강력한 무기로서 효과적일 것임은 분명하다. 하지만 법정책은 단순히 정치적 주장을 수용하는 것이 아니라, 법이론적 타당성

해서는 "간척과 감소와의 관련은 의심스럽지만, 관련의 증명은 충분하지 않다"라고 하였다. 이 외에 "간척공사의 금지를 인정하는 데 있어서는 사업의 성질상, 일반적인 경우보다 높은 소명이 필요하다"고 판시했다. 어획량의 감소와 간척공사의 관련성은 "의심스럽지만, 증명되지는 않았다"라고 판시하면서, 피해입증의 불충분을 이유로 공사금지를 취소했다. 그러나 한편으로 국가가 보류한 환경악화에 관한 조사, 연구를 실시하라고 지적했다. 사가(佐賀) 지방법원의 결정에서는 간척공사와 어업피해 관련의 증명은 "일반적으로 의심되는 정도로 충분하다"라고 판시하여 주목받았다. 한편, 어민측은 간척공사와 어업부진의 인과관계의 인정을 구하고 있는 국가의 공해등 조정위원회의 원인재정(裁定)에 기대하는 한편, 농림수산부에 간척제방의 수문개방을 요구하는 행정소송을 하는 것도 검토하고 있다. 2005.5.16 福岡高裁 平17(ラ) 41号, 判例時報 1911号; 朝日新聞 2005.5.16. 1쪽 참조.

의 실험을 견디어낸 정치적 주장만을 수용할 때, 합리적일 수 있다. 포퓰리즘에 기반을 둔 여론몰이의 정치적 주장이 아니라 비판과 토론으로 짜여진 공론의 장에서 더 많은 타당성을 획득한 견해가 법규범으로 전환되어야 한다. 공익소송의 도입론자들은 공익 개념이 갖는 시민적 환상을 이용하려 들기보다는 (법)전문가들의 면밀한 공론장에서 더 많은 시간을 두고 새로운 소송모델의 타당성 경쟁을 해나가야 할 것이다.[72]

72) 공론장에서 공익적인 사안들을 끌어내는 문제에 관해서는 A. O. Hirschman, *Shifting Involvements — Private Interest and Public Action*, Princeton University Press, 2002, 특히 62쪽 아래 참조.

「부록」

■ 공익소송 관련 주요참고 법령자료

[1] 미 국

15 U.S.C. §15c. Actions by State attorney general

(a) Parens patriae; monetary relief; damages; prejudgment interest

(1) Any attorney general of a State may bring a civil action in the name of such State, as parens patriae on behalf of natural persons residing in such State, in any district court of the United States having jurisdiction of the defendant, to secure monetary relief as provided in this section for injury sustained by such natural persons to their property by reason of any violation of sections 1 to 7 of this title. The court shall exclude from the amount of monetary relief awarded in such action any amount of monetary relief

(A) which duplicates amounts which have been awarded for the same injury, or

(B) which is properly allocable to

(i) natural persons who have excluded their claims pursuant to subsection (b)(2) of this section, and

(ii) any business entity.

(2) The court shall award the State as monetary relief threefold the total damage sustained as described in paragraph (1) of this subsection, and the cost of suit, including a reasonable attorney's fee. The court may award under this paragraph, pursuant to a motion by such State promptly made, simple interest on the total damage for the period beginning on the date of service of such State's pleading setting forth a claim under the antitrust laws and ending on the date of judgment, or for any shorter period therein, if the court finds that the award of such interest for such period is just in the circumstances. In determining whether an award of interest under this paragraph for any period is just

in the circumstances, the court shall consider only—

(A) whether such State or the opposing party, or either party's representative, made motions or asserted claims or defenses so lacking in merit as to show that such party or representative acted intentionally for delay or otherwise acted in bad faith;

(B) whether, in the course of the action involved, such State or the opposing party, or either party's representative, violated any applicable rule, statute, or court order providing for sanctions for dilatory behavior or other wise providing for expeditious proceedings; and

(C) whether such State or the opposing party, or either party's representative, engaged in conduct primarily for the purpose of delaying the litigation or increasing the cost thereof.

(b) Notice; exclusion election; final judgment

(1) In any action brought under subsection (a)(1) of this section, the State attorney general shall, at such times, in such manner, and with such content as the court may direct, cause notice thereof to be given by publication. If the court finds that notice given solely by publication would deny due process of law to any person or persons, the court may direct further notice to such person or persons according to the circumstances of the case.

(2) Any person on whose behalf an action is brought under subsection (a)(1) of this section may elect to exclude from adjudication the portion of the State claim for monetary relief attributable to him by filing notice of such election with the court within such time as specified in the notice given pursuant to paragraph (1) of this subsection.

(3) The final judgment in an action under subsection (a)(1) of this section shall be res judicata as to any claim under section 15 of this title by any person on behalf of whom such action was brought and who fails to give such notice within the period specified in the notice given pursuant to paragraph (1) of this subsection.

(c) Dismissal or compromise of action

An action under subsection (a)(1) of this section shall not be dismissed or compromised without the approval of the court, and notice of any proposed dismissal or compromise shall be given in such manner as the court directs.

(d) Attorneys' fees

In any action under subsection (a) of this section—

(1) the amount of the plaintiffs' attorney's fee, if any, shall be determined by the court; and

(2) the court may, in its discretion, award a reasonable attorney's fee to a prevailing defendant upon a finding that the State attorney general has acted in bad faith, vexatiously, wantonly, or for oppressive reasons.

15 U.S.C. §57b. Civil actions for violations of rules and cease and desist orders respecting unfair or deceptive acts or practices

(a) Suits by Commission against persons, partnerships, or corporations; jurisdiction; relief for dishonest or fraudulent acts

(1) If any person, partnership, or corporation violates any rule under this subchapter respecting unfair or deceptive acts or practices (other than an interpretive rule, or a rule violation of which the Commission has provided is not an unfair or deceptive act or practice in violation of section 45(a) of this title), then the Commission may commence a civil action against such person, partnership, or corporation for relief under subsection (b) of this section in a United States district court or in any court of competent jurisdiction of a State.

(2) If any person, partnership, or corporation engages in any unfair or deceptive act or practice (within the meaning of section 45(a)(1) of this title) with respect to which the Commission has issued a final cease and desist order which is applicable to such person, partnership, or corporation, then the Commission may commence a civil action against such person, partnership, or corporation in a United States district court or in any court of competent jurisdiction of a State. If the Commission satisfies the court that the act or practice to which the cease and desist order relates is one which a reasonable man would have known under the circumstances was dishonest or fraudulent, the court may grant relief under subsection (b) of this section.

(b) Nature of relief available

The court in an action under subsection (a) of this section shall have jurisdiction to grant such relief as the court finds necessary to redress injury to consumers or other persons, partnerships, and corporations resulting from the rule violation or the unfair or deceptive act or practice, as the case may be. Such relief may include, but shall not be limited to, rescission or reformation of contracts, the refund of money or return of property, the payment of damages, and public notification respecting the rule violation or the unfair or deceptive act or practice, as the case may be; except that nothing in this subsection is intended to authorize the imposition of any exemplary or punitive damages.

(c) Conclusiveness of findings of Commission in cease and desist proceedings; notice of judicial proceedings to injured persons, etc.

(1) If

(A) a cease and desist order issued under section 45(b) of this title has become final under section 45(g) of this title with respect to any person's, partnership's, or corporation's rule violation or unfair or deceptive act or practice, and

(B) an action under this section is brought with respect to such person's, partnership's, or corporation's rule violation or act or practice, then the findings of the Commission as to the material facts in the proceeding under section 45(b) of this title with respect to such person's, partnership's, or corporation's rule violation or act or practice, shall be conclusive unless

(i) the terms of such cease and desist order expressly provide that the Commission's findings shall not be conclusive, or

(ii) the order became final by reason of section 45(g)(1) of this title, in which case such finding shall be conclusive if supported by evidence.

(2) The court shall cause notice of an action under this section to be given in a manner which is reasonably calculated, under all of the circumstances, to apprise the persons, partnerships, and corporations allegedly injured by the defendant's rule violation or act or practice of the pendency of such action. Such notice may, in the discretion of the court, be given by publication.

(d) Time for bringing of actions

No action may be brought by the Commission under this section more than 3 years after the rule violation to which an action under subsection (a)(1) of this section relates, or the unfair or deceptive act or practice to which an action under subsection (a)(2) of this section relates; except that if a cease and desist order with respect to any person's, partnership's, or corporation's rule violation or unfair or deceptive act or practice has become final and such order was issued in a proceeding under section 45(b) of this title which was commenced not later than 3 years after the rule violation or act or practice occurred, a civil action may be commenced under this section against such person, partnership, or corporation at any time before the expiration of one year after such order becomes final.

(e) Availability of additional Federal or State remedies; other authority of Commission unaffected

Remedies provided in this section are in addition to, and not in lieu of, any other remedy or right of action provided by State or Federal law. Nothing in this section shall be construed to affect any authority of the Commission under any other provision of law.

[2] 독 일

BNatSchG 2002

§59 Anerkennung durch das Bundesministerium für Umwelt, Naturschutz und Reaktorsicherheit

(1) Die Anerkennung wird auf Antrag erteilt. Sie ist zu erteilen, wenn der Verein

1. nach seiner Satzung ideell und nicht nur vorübergehend vorwiegend die Ziele des Naturschutzes und der Landschaftspflege fördert,

2. einen Tätigkeitsbereich hat, der über das Gebiet eines Landes hinausgeht,

3. im Zeitpunkt der Anerkennung mindestens drei Jahre besteht und in diesem Zeitraum im Sinne der Nummer 1 tätig gewesen ist,

4. die Gewähr für eine sachgerechte Aufgabenerfüllung bietet; dabei sind Art und Umfang seiner bisherigen Tätigkeit, der Mitgliederkreis sowie die Leistungsfähigkeit des Vereins zu berücksichtigen,

5. wegen Verfolgung gemeinnütziger Zwecke nach §5 Abs. 1 Nr. 9

des Körperschaftsteuergesetzes von der Körperschaftsteuer befreit ist und

6. den Eintritt als Mitglied, das in der Mitgliederversammlung volles Stimmrecht hat, jedermann ermöglicht, der die Ziele des Vereins unterstützt. Bei Vereinen, deren Mitglieder ausschließlich juristische Personen sind, kann von der in Satz 1 genannten Voraussetzung abgesehen werden, sofern die Mehrzahl dieser juristischen Personen diese Voraussetzung erfüllt.

In der Anerkennung ist der satzungsgemäße Aufgabenbereich, für den die Anerkennung gilt, zu bezeichnen.

(2) Die Anerkennung wird durch das Bundesministerium für Umwelt, Naturschutz und Reaktorsicherheit ausgesprochen.

§61 Rechtsbehelfe von Vereinen

(1) Ein nach §59 oder auf Grund landesrechtlicher Vorschriften im Rahmen des §60 anerkannter Verein kann, ohne in seinen Rechten verletzt zu sein, Rechtsbehelfe nach Maßgabe der Verwaltungsgerichtsordnung einlegen gegen

1. Befreiungen von Verboten und Geboten zum Schutz von Naturschutzgebieten, Nationalparken und sonstigen Schutzgebieten im Rahmen des §33 Abs. 2 sowie

2. Planfeststellungsbeschlüsse über Vorhaben, die mit Eingriffen in Natur und Landschaft verbunden sind, sowie Plangenehmigungen, soweit eine Öffentlichkeitsbeteiligung vorgesehen ist.

Satz 1 gilt nicht, wenn ein dort genannter Verwaltungsakt auf Grund einer Entscheidung in einem verwaltungsgerichtlichen Streitverfahren erlassen worden ist.

(2) Rechtsbehelfe nach Absatz 1 sind nur zulässig, wenn der Verein

1. geltend macht, dass der Erlass eines in Absatz 1 Satz 1 genannten Verwaltungsaktes Vorschriften dieses Gesetzes, Rechtsvorschriften, die auf Grund oder im Rahmen dieses Gesetzes erlassen worden sind oder fortgelten, oder anderen Rechtsvorschriften, die bei Erlass des Verwaltungsaktes zu beachten und zumindest auch den Belangen des Naturschutzes und der Landschaftspflege zu dienen bestimmt sind, widerspricht,

2. in seinem satzungsgemäßen Aufgabenbereich, soweit sich die Anerkennung darauf bezieht, berührt wird und

3. zur Mitwirkung nach §58 Abs. 1 Nr. 2 und 3 oder nach landesrechtlichen Vorschriften im Rahmen des §60 Abs. 2 Nr. 5 bis 6

berechtigt war und er sich hierbei in der Sache geäußert hat oder ihm entgegen §58 Abs. 1 oder im Rahmen des §60 Abs. 2 erlassener landesrechtlicher Regelungen keine Gelegenheit zur Äußerung gegeben worden ist.

(3) Hat der Verein im Verwaltungsverfahren Gelegenheit zur Äußerung gehabt, ist er im Verfahren über den Rechtsbehelf mit allen Einwendungen ausgeschlossen, die er im Verwaltungsverfahren nicht geltend gemacht hat, aber auf Grund der ihm überlassenen oder von ihm eingesehenen Unterlagen zum Gegenstand seiner Äußerung hätte machen können.

(4) Ist der Verwaltungsakt dem Verein nicht bekannt gegeben worden, müssen Widerspruch und Klage binnen eines Jahres erhoben werden, nachdem der Verein von dem Verwaltungsakt Kenntnis erlangt hat oder hätte erlangen können.

(5) Die Länder können Rechtsbehelfe von Vereinen auch in anderen Fällen, in denen nach §60 Abs.2 die Mitwirkung der Vereine vorgesehen ist, zulassen. Die Länder können weitere Vorschriften über das Verfahren erlassen.

AGBG §13. Unterlassungs- und Widerrufsanspruch

(1) Wer in Allgemeinen Geschäftsbedingungen Bestimmungen, die nach §§9 bis 11 dieses Gesetzes unwirksam sind, verwendet oder für den rechtsgeschäftlichen Verkehr empfiehlt, kann auf Unterlassung und im Fall des Empfehlens auch auf Widerruf in Anspruch genommen werden.

(2) Die Ansprüche auf Unterlassung und auf Widerruf können nur geltend gemacht werden

1. von rechtsfähigen Verbänden, zu deren satzungsgemäßen Aufgaben es gehört, die Interessen der Verbraucher durch Aufklärung und Beratung wahrzunehmen, wenn sie in diesem Aufgabenbereich tätige Verbände oder mindestens fünfundsiebzig natürliche Personen als Mitglieder haben,

2. von rechtsfähigen Verbänden zur Förderung gewerblicher Interessen oder

3. von den Industrie- und Handelskammern oder den Handwerkskammern.

(3) Die in Absatz 2 Nr. 1 bezeichneten Verbände können Ansprüche auf Unterlassung und auf Widerruf nicht geltend machen, wenn

Allgemeine Geschäftsbedingungen gegenüber einem Kaufmann verwendet werden und der Vertrag zum Betrieb seines Handelsgewerbes gehört oder wenn Allgemeine Geschäftsbedingungen zur ausschließlichen Verwendung zwischen Kaufleuten empfohlen werden.

(4) Die Ansprüche nach Absatz 1 verjähren in zwei Jahren von dem Zeitpunkt an, in welchem der Anspruchsberechtigte von der Verwendung oder Empfehlung der unwirksamen Allgemeinen Geschäftsbedingungen Kenntnis erlangt hat, ohne Rücksicht auf diese Kenntnis in vier Jahren von der jeweiligen Verwendung oder Empfehlung an.

Richtlinie 98/27/EG Artikel 4 Intra-Community infringements

1. Each Member State shall take the measures necessary to ensure that, in the event of an infringement originating in that Member State, any qualified entity from another Member State where the interests protected by that qualified entity are affected by the infringement, may seize the court or administrative authority referred to in Article 2, on presentation of the list provided for in paragraph 3. The courts or administrative authorities shall accept this list as proof of the legal capacity of the qualified entity without prejudice to their right to examine whether the purpose of the qualified entity justifies its taking action in a specific case.

2. For the purposes of intra-Community infringements, and without prejudice to the rights granted to other entities under national legislation, the Member States shall, at the request of their qualified entities, communicate to the Commission that these entities are qualified to bring an action under Article 2. The Member States shall inform the Commission of the name and purpose of these qualified entities.

3. The Commission shall draw up a list of the qualified entities referred to in paragraph 2, with the specification of their purpose. This list shall be published in the Official Journal of the European Communities; changes to this list shall be published without delay, the updated list shall be published every six months.

UWG 2004

§3 Verbot unlauteren Wettbewerbs

Unlautere Wettbewerbshandlungen, die geeignet sind, den Wettbewerb zum Nachteil der Mitbewerber, der Verbraucher oder der sonstigen Marktteilnehmer nicht nur unerheblich zu beeinträchtigen, sind unzulässig.

§8 Beseitigung und Unterlassung

(1) Wer dem §3 zuwiderhandelt, kann auf Beseitigung und bei Wiederholungsgefahr auf Unterlassung in Anspruch genommen werden. Der Anspruch auf Unterlassung besteht bereits dann, wenn eine Zuwiderhandlung droht.

(2) Werden die Zuwiderhandlungen in einem Unternehmen von einem Mitarbeiter oder Beauftragten begangen, so sind der Unterlassungsanspruch und der Beseitigungsanspruch auch gegen den Inhaber des Unternehmens begründet.

(3) Die Ansprüche aus Absatz 1 stehen zu:

1. jedem Mitbewerber;

2. rechtsfähigen Verbänden zur Förderung gewerblicher oder selbständiger beruflicher Interessen, soweit ihnen eine erhebliche Zahl von Unternehmern angehört, die Waren oder Dienstleistungen gleicher oder verwandter Art auf demselben Markt vertreiben, soweit sie insbesondere nach ihrer personellen, sachlichen und finanziellen Ausstattung imstande sind, ihre satzungsmäßigen Aufgaben der Verfolgung gewerblicher oder selbständiger beruflicher Interessen tatsächlich wahrzunehmen und soweit die Zuwiderhandlung die Interessen ihrer Mitglieder berührt;

3. qualifizierten Einrichtungen, die nachweisen, dass sie in die Liste qualifizierter Einrichtungen nach §4 des Unterlassungsklagengesetzes oder in dem Verzeichnis der Kommission der Europäischen Gemeinschaften nach Artikel 4 der Richtlinie 98/27/EG des Europäischen Parlaments und des Rates vom 19. Mai 1998 über Unterlassungsklagen zum Schutz der Verbraucherinteressen (ABl. EG Nr. L 166 S.51) eingetragen sind;

4. den Industrie- und Handelskammern oder den Handwerkskammern.

UKlaG §4 Qualifizierte Einrichtungen

(1) Das Bundesverwaltungsamt führt eine Liste qualifizierter Einrichtungen. Diese Liste wird mit dem Stand zum 1. Januar eines jeden Jahres im Bundesanzeiger bekannt gemacht und der Kommission der Europäischen Gemeinschaften unter Hinweis auf Artikel 4 Abs. 2 der Richtlinie 98/27/EG des Europäischen Parlaments und des Rates vom 19. Mai 1998 über Unterlassungsklagen zum Schutz der Verbraucher-

interessen (ABl. EG Nr. L 166 S.51) zugeleitet.

(2) In die Liste werden auf Antrag rechtsfähige Verbände eingetragen, zu deren satzungsmäßigen Aufgaben es gehört, die Interessen der Verbraucher durch Aufklärung und Beratung nicht gewerbsmäßig und nicht nur vorübergehend wahrzunehmen, wenn sie in diesem Aufgabenbereich tätige Verbände oder mindestens 75 natürliche Personen als Mitglieder haben, seit mindestens einem Jahr bestehen und auf Grund ihrer bisherigen Tätigkeit Gewähr für eine sachgerechte Aufgabenerfüllung bieten. Es wird unwiderleglich vermutet, dass Verbraucherzentralen und andere Verbraucherverbände, die mit öffentlichen Mitteln gefördert werden, diese Voraussetzungen erfüllen. Die Eintragung in die Liste erfolgt unter Angabe von Namen, Anschrift, Registergericht, Registernummer und satzungsmäßigem Zweck. Sie ist mit Wirkung für die Zukunft aufzuheben, wenn

1. der Verband dies beantragt oder

2. die Voraussetzungen für die Eintragung nicht vorlagen oder weggefallen sind.

Ist auf Grund tatsächlicher Anhaltspunkte damit zu rechnen, dass die Eintragung nach Satz 4 zurückzunehmen oder zu widerrufen ist, so soll das Bundesverwaltungsamt das Ruhen der Eintragung für einen bestimmten Zeitraum von längstens drei Monaten anordnen. Widerspruch und Anfechtungsklage haben im Fall des Satzes 5 keine aufschiebende Wirkung.

(3) Entscheidungen über Eintragungen erfolgen durch einen Bescheid, der dem Antragsteller zuzustellen ist. Das Bundesverwaltungsamt erteilt den Verbänden auf Antrag eine Bescheinigung über ihre Eintragung in die Liste. Es bescheinigt auf Antrag Dritten, die daran ein rechtliches Interesse haben, dass die Eintragung eines Verbands in die Liste aufgehoben worden ist.

(4) Ergeben sich in einem Rechtsstreit begründete Zweifel an dem Vorliegen der Voraussetzungen nach Absatz 2 bei einer eingetragenen Einrichtung, so kann das Gericht das Bundesverwaltungsamt zur Überprüfung der Eintragung auffordern und die Verhandlung bis zu dessen Entscheidung aussetzen.

(5) Das Bundesverwaltungsamt steht bei der Wahrnehmung der in dieser Vorschrift geregelten Aufgabe unter der Fachaufsicht des Bundesministeriums der Justiz.

(6) Das Bundesministerium der Justiz wird ermächtigt, durch Rechtsverordnung, die der Zustimmung des Bundesrates nicht bedarf, die Einzelheiten des Eintragungsverfahrens, insbesondere die zur Prüfung der Eintragungsvoraussetzungen erforderlichen Ermittlungen, sowie die Einzelheiten der Führung der Liste zu regeln.

[3] 일 본

行政事件訴訟法　第9條

① 処分の取消しの訴え及び裁決の取消しの訴え（以下「取消訴訟」という。）は、当該処分又は裁決の取消しを求めるにつき法律上の利益を有する者（処分又は裁決の効果が期間の経過その他の理由によりなくなつた後においてもなお処分又は裁決の取消しによつて回復すべき法律上の利益を有する者を含む。）に限り、提起することができる。

② 裁判所は、処分又は裁決の相手方以外の者について前項に規定する法律上の利益の有無を判断するに当たつては、当該処分又は裁決の根拠となる法令の規定の文言のみによることなく、当該法令の趣旨及び目的並びに当該処分において考慮されるべき利益の内容及び性質を考慮するものとする。この場合において、当該法令の趣旨及び目的を考慮するに当たつては、当該法令と目的を共通にする関係法令があるときはその趣旨及び目的をも参酌するものとし、当該利益の内容及び性質を考慮するに当たつては、当該処分又は裁決がその根拠となる法令に違反してされた場合に害されることとなる利益の内容及び性質並びにこれが害される態様及び程度をも勘案するものとする。

民事訴訟法第 30條 (選定当事者)

① 共同の利益を有する多数の者で前条の規定に該当しないもの

は`その中から`全員のために原告又は被告となるべき一人又は数人を選定することができる°

② 訴訟の係属の後`前項の規定により原告又は被告となるべき者を選定したときは`他の当事者は`当然に訴訟から脱退する°

③ 係属中の訴訟の原告又は被告と共同の利益を有する者で当事者でないものは`その原告又は被告を自己のためにも原告又は被告となるべき者として選定することができる°

④ 第一項又は前項の規定により原告又は被告となるべき者を選定した者(以下「選定者」という°)は`その選定を取り消し`又は選定された当事者(以下「選定当事者」という°)を変更することができる°

⑤ 選定当事者のうち死亡その他の事由によりその資格を喪失した者があるときは`他の選定当事者において全員のために訴訟行為をすることができる°

찾 아 보 기

《 **저자약력** 》

1961 서울 출생
1977 중앙중학교 졸업
1980 서울고등학교 졸업
1984 고려대학교 법과대학 졸업(법학사)
1986 고려대학교 대학원 법학과 수료(법학석사)
1991 독일 프랑크푸르트 대학교 대학원 수료(Dr. jur.)
현재 고려대학교 법과대학 정교수

공익소송론

2006년 12월 25일 초판 인쇄
2006년 12월 30일 초판 발행

저 자 이 상 돈
발행인 이 방 원
발행처 세창출판사
서울 종로구 송월동 64-1 (2층)
전화 723-8660 팩스 720-4579
E-mail: sc1992@empal.com
http://www.sechangpub.co.kr
등 록 1990. 10. 8 제2-1068호(윤)

정가 17,000 원

ISBN 978-89-8411-159-2 93360